DANGEN
弾言

成功する人生とバランスシートの使い方

アスペクト

あなたは、自分という「会社」の社長で筆頭株主

弾言
成功する人生と
バランスシートの使い方

　仕事がない、給料が安い、休みが少ない、人付き合いに疲れる、恋人ができない、やりたいことが見つからない、老後が心配……。

　世界でもまれな、豊かで安全なはずの国、日本では大勢の人が今日もため息をつきながら生きています。いったいなぜなのでしょう。

　政治家が無策だから？ 教育がなっていないから？ 大企業が搾取するから？

　なるほど、どれにも一理あります。だからと言って、あなたが今すぐ政治や社会をどうにかできるわけではないでしょう。まず、あなた自身ができることから始めてみませんか。

　僕（小飼弾）は、2000年から2001年までオン・ザ・エッヂ（ライブドアの前身）で最高技術責任者（CTO）を務め、その後は投資家、ブロガー（404 Blog Not Found）、プログラマとして活動しています。会社の運営やネットコミュニティとのかかわり、多くの人や書物を通じて、僕が人生や社会について考えたことを思い切り「弾言」してしまおうというのが、本書です。

　そもそも、あなたがうまくいっていないのは「なぜ」か、真剣に問うてみたことがありますか。本当に問題なのに、いったい何なのでしょう。

　それを考えるのは、非常に難しそうです。テレビや新聞を見ているといろいろなことがわかったような気にはなりますが、そこにあるのはあなたの「なぜ」に対する答えではありません。

実は、考えるためのヒントは「会社」にあります。会社の経営がうまくいかなくなった時、経営者はまずどうしますか。現状分析に必要なさまざまなデータを集め、問題を洗い出し、対策を練るでしょう。

　個人でもまったく同じことが言えます。自分に関する正確なデータを集め、それを元に対策を考えるというプロセスが肝要です。

　会社にとって重要となるデータは、財務諸表（いわゆる決算書）と呼ばれるもので、貸借対照表（バランスシート）、損益計算書、キャッシュフロー計算書が含まれます。損益計算書は利益/損失を、キャッシュフロー計算書は現金の出入りをそれぞれ明確にするためにあります。

　会計に詳しくない人にとっては、バランスシートの意味がわかりにくいかもしれませんね。バランスシートは、企業の資産、負債、資本の状態を示します。要するに、自分がどんなものを所有しているのか、どれくらいの借金があるのかをわかりやすく表したものです。

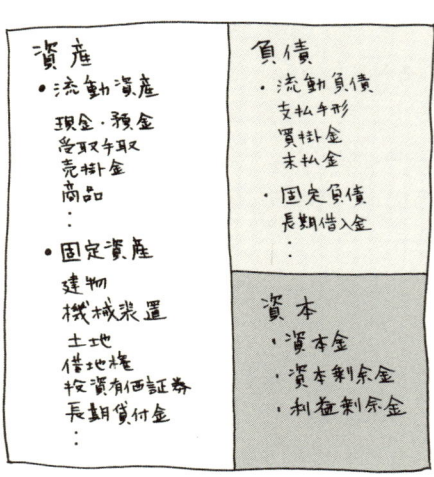

このバランスシートの考え方は、企業だけでなく個人にとっても非常に役立ちます。金銭面での収支が明確になるだけでなく、自分の価値を向上させる手がかりとなるのです。
　本書『弾言』では、バランスシートに基づいて世界をヒト、モノ、カネという3つの要素に「仕訳」して考えます。実体のあるモノを、人間の知恵（ヒト）によって活かし、カネという価値を生み出しているというわけです。このように世界を定量的に捉えることで、自分の問題点や取るべき行動がすっきりと見えてくることでしょう。
　ちなみに、本書を読むために会計知識は必要ありませんが、読み終わったら会計をちょっと勉強してみたくなるかもしれません。

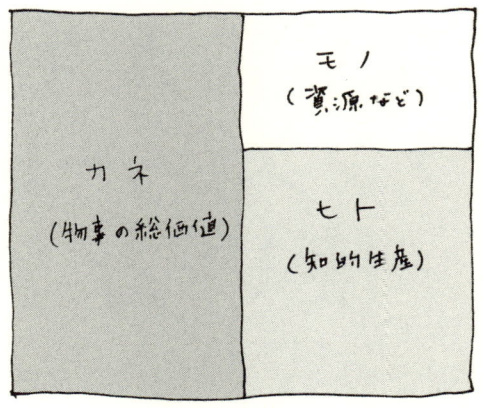

　皆さん1人1人は、自分という「会社」の社長で、かつ筆頭株主です。人生の負債を減らして利益を上げ、上手に自分を経営していきましょう。

DANGEN
弾言

成功する人生とバランスシートの使い方

CONTENTS

INTRODUCTION
■ あなたは、自分という「会社」の社長で筆頭株主 ············ 003

第1章　ヒト part1
── 自分の価値を「見える化」してレベルアップ

- ■自分で打てる手はいくらでもある ……………………… 012
- ■暮らしがキツいのは、モノ扱いされているから ……… 013
- ■自分という会社を建て直す ……………………………… 015
- ■カネ以上に時間を節約すべし …………………………… 018
- ■会社員こそ内職すべし …………………………………… 021
- ■会社の辞め時を知ろう …………………………………… 023
- ■読書は最強の自己投資 …………………………………… 025
- ■本に付箋を貼ってはいけない …………………………… 028
- ■貴族の義務を負うことになった平民 …………………… 031
- ■情報洪水に溺れない ……………………………………… 033
- ■情報に飢えよ ……………………………………………… 035
- ■現在の自分を正確に知る ………………………………… 039
- ■一度は物事にとことんハマれ …………………………… 040
- ■いいゲーム、悪いゲーム？ ……………………………… 042
- ■のび太はアルファギーク ………………………………… 043
- ■楽しんで学ぶ「楽習」で生き残る ……………………… 045
- ■ブログは最強の勉強ツール ……………………………… 047
- ■世界は「無記名の善意」に満ちている ………………… 049
- ■積極的に「待つ」という高等技術 ……………………… 051
- ■ウィンプ（弱者）vs. マッチョ（強者） ……………… 053
- ■究極のエゴイストになる ………………………………… 056
- ■強さとは何か ……………………………………………… 059

- ■ 生きる目的は「手段」……………………………………… 061
- ■ 第1章ブックガイド ……………………………………… 064

第2章　カネ
——相互理解のツールとして戦略的に使いこなす

- ■ カネの誕生 ……………………………………………………… 066
- ■ カネは相互理解のためのツール ………………………… 067
- ■ 暴走するカネ ………………………………………………… 069
- ■ 自分の収支をバランスシートを使って考える ……… 071
- ■ バランスシートの質を見極める ………………………… 075
- ■ 借金をすることの本当の意味 …………………………… 078
- ■ 仕事と借金は本質的に同じ ……………………………… 080
- ■ 会社にとっての借金 ……………………………………… 083
- ■ 買掛金で資金を調達する会社の裏技 …………………… 086
- ■ なぜストックが必要か …………………………………… 088
- ■ 人と人を結ぶカネ ………………………………………… 091
- ■ インフレはなぜ起こる？ ………………………………… 093
- ■ カネは、ヒト＝ファンタジーとモノ＝リアリティでできている … 096
- ■ 少子高齢化で変わる世界 ………………………………… 100
- ■ よどむカネ …………………………………………………… 103
- ■ 自分の知的生産を測定する ……………………………… 107
- ■ 自分の「棚卸し」をしてみよう ………………………… 110
- ■ 自分が属する業界構造を理解する ……………………… 113

- ■自分が勝てるゲームを作る ……………………………… 117
- ■第2章ブックガイド ……………………………………… 120

第3章　ヒト part2
―― ネットワークにおける自分の価値をアップする

- ■コネの価値はいくら？ …………………………………… 122
- ■コネを「見える化」するのが会社 ……………………… 124
- ■バラバラな個人の集団にすぎなかったオン・ザ・エッヂ … 125
- ■日報を書くことを義務づける …………………………… 126
- ■適切なサイズの仕事をする ……………………………… 128
- ■伸びる社員と伸びない社員は何が違う？ ……………… 130
- ■報告書を提出するまでが仕事 …………………………… 132
- ■人と付き合うためのインターフェイス ………………… 134
- ■「データホテル」プロジェクトの苦闘 ………………… 136
- ■「衝突断面積」を増やす ………………………………… 138
- ■カネをよく理解している中国人 ………………………… 140
- ■会社の辞め方 ……………………………………………… 142
- ■人付き合いのパラダイム転換が起こっている ………… 144
- ■カネで考える人間関係 …………………………………… 146
- ■方程式で「モテ」を計算する …………………………… 148
- ■類が友を呼ぶのはなぜ？ ………………………………… 151
- ■ネットワークにおける自分の価値を上げろ …………… 153
- ■「休み」を安く見積もるな ……………………………… 158
- ■社会にかかるコストを計算する ………………………… 159

CONTENTS

- ■「心」で受け取る報酬もある ………………………… 162
- ■心とカネの為替レート ………………………………… 166
- ■第3章ブックガイド …………………………………… 169

第4章 モノ
―― 「本当は所有できない」ということを理解する

- ■増やせないのがモノ …………………………………… 172
- ■石油がなくても自然破壊は起こる …………………… 173
- ■「モノ」は増やせない代わりにいくらでも回せる … 175
- ■エネルギーは、あらゆるゴミを資源にする ………… 179
- ■太陽エネルギーの効率利用が世界を変える ………… 182
- ■日本は「都市化」を進めるべし ……………………… 184
- ■モノへの執着が人を惑わせる ………………………… 187
- ■モノのカネ化が世界を平和にする …………………… 189
- ■世界から借りたモノを世界に返す …………………… 191
- ■ベーシック・インカムは、ストックをフロー化する … 193
- ■まとめ：モノとヒト、カネの関係を改めて考える … 195
- ■僕たちの宿題 …………………………………………… 200
- ■第4章ブックガイド …………………………………… 202

- ■巻末付録　弾言一覧 …………………………………… 203

装丁・本文デザイン　松 昭教 デザイン事務所
カバーイラスト　大塚砂織
本文イラスト　片山菜穂
本文DTP　株式会社センターメディア

第1章

PEOPLE

ヒト

part 1

自分の価値を「見える化」してレベルアップ

弾言
成功する人生と
バランスシートの
使い方

自分で打てる手はいくらでもある

弾言 成功する人生とバランスシートの使い方

正社員と非正社員の格差が拡がっており、ワーキングプアの増加が問題となっている。また、正社員であっても、長時間労働で疲れ切り、心身を病んでしまう人が少なくない。

世界的に見てもここ10年間給与は下がり続けており、ネットカフェに寝泊まりして派遣で働く人がいる一方で、親から受け継いだ遺産で優雅に暮らすボンボンもいます。こうした世の中の側に問題があるのは事実でしょう。じゃあ、あなたは誰かが何とかしてくれるのをじっと待っているんですか？

うまく人生をマネジメントするために自分で「打てる手」はあります。これからしばらくどんな手が打てるか考えてみましょう。例えば、年収200万円でもケータイやパソコンといったコミュニケーションや知的生産に使えるツールを持てますね。同じ200万円でも、昔と今では買えるものがずいぶん変わりました。それに、昔ならどれだけいい仕事をしたとしても、20代で年収1000万円、2000万円というのは無理だったでしょう。もし、それがイヤなら完全年功序列に戻すしかありませんが、それで損をするのは今の若い人たちですよ。

 昔に比べれば、個人の打てる手は飛躍的に増えている

暮らしがキツいのは、モノ扱いされているから

日本のGDPは世界第2位であり、世界有数の経済大国である。しかし、働く人々の多くが、その豊かさを実感できていない。

最初に注意しなければならないことがあります。時給いくらで計算される仕事というのは、「ヒト」ではなく「モノ」だということです。実際の会計上でも、給料は機械の維持費などと同じように販売費及び一般管理費に分類されています。後で詳しく説明しますが、物事の総価値は、機械やエネルギーなどのモノと人間が生み出す知的生産の合計になります。以降、物事の総価値をカネ、知的生産をヒトと呼ぶことにしましょう。

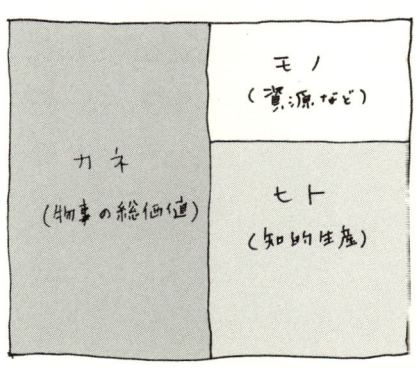

現代では、株式・為替・投資信託など、お金自体を取引するマネー経済が拡大して、カネの量が急増しています。その一方で、実体のあるモノの量はあまり増減しません（詳しくは第2章で）。**増えたのは、ヒトの部分**ということになります。どの国の発展においても、モノに直結した第一次産業（農業、漁業など）が、ヒトがモノを加工する第二次産業（製造業、建築業など）に代わり、それがさらにヒトがヒトにサービスする第三次産業（小売業、サービス業など）へと代わっていった歴史を見てもこれは明らかです。

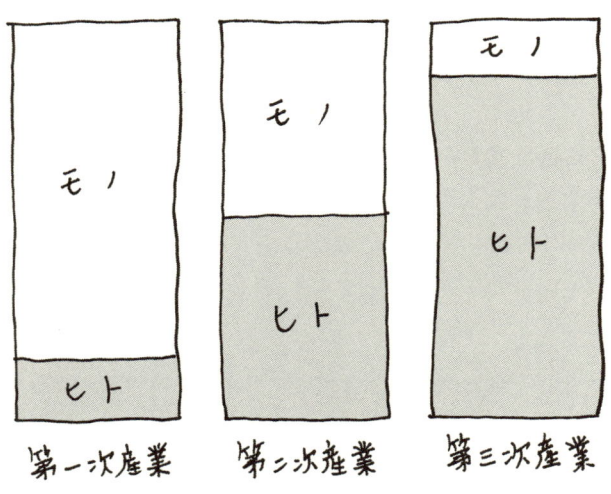

　ところが、多くの人々は、自分のお金が増えたという実感を得ていないのが現実でしょう。それは、**モノとして分類される仕事**をしているからです。要するに、ロボットや工場などで自動化できるような仕事、明日にでも中国やインドにアウトソーシングできる仕事

ということです。

　誰しも最初はモノ的な仕事から始めざるをえないのは確かです。会社に入ったら、コピー取りなどの単純作業からやらされるのが普通でしょう。その時に、どうすべきか。**モノ扱いからヒト扱いされるにはどうすればよいか**。ヒトとはどんな仕事なのか。それを考えていくことにしましょう。

 時間当たりいくらの仕事は、「モノ」的な仕事である

自分という会社を建て直す

弾言
成功する人生とバランスシートの使い方

> 労働時間が長いにもかかわらず、それに見合った給料や快適な生活を得られていないと感じている人は、どう改善していけばいいのか？

　まず、自分を経営状態のよくない会社と考えてみましょう。営利事業者が経営を立て直すためにできることは２つ。経費を削減するか、売上を伸ばすか、です。あなたなら、どちらを先にしますか？

　会社がうまく盛り返せた例では、必ず最初にリストラや経費削減

を行い、それから売上をどんと伸ばしていきます。では、なぜ経費削減を最初にしなければならないのか。それは、売上と経費がどこからくるかを考えればわかります。売上はお客から。一方、経費は会社からです。どちらがコントロールしやすいかは一目瞭然ですね。

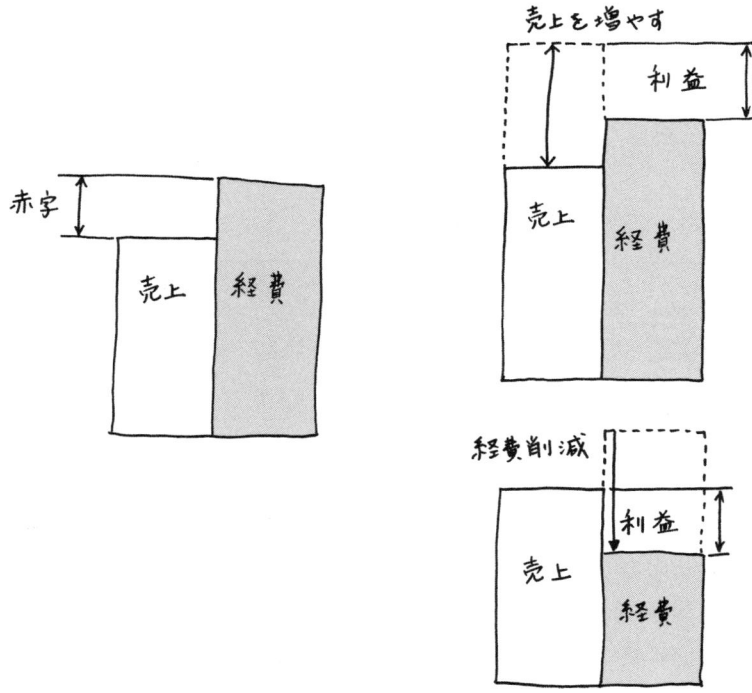

　思い通りにならないお客にお金を払ってもらおうと躍起になるより、自分でコントロールできる**経費削減から始めるのが楽**に決まっています。問題を解決するための基本は、自分でできることからやるということです。

生活に困ったら、まず経費削減から始めろ

　例えば、年収300万円の人が2人いたとしましょう。金持ちになれる人は150万円で暮らして、残り150万円を貯金できます。一方、貧乏になる人は借金をしてでも400万円、500万円かかる生活をしてしまうのです。

　金持ちになれる人は例外なく、嫌いなものから食べますし、面倒なことイヤなことは先に片付けます。別の言い方をすれば、うまいものを食べられるという明日を信じているから、今まずいものを食べられる。今うまいものを食べる人は、明日を信じていないとも言えます。どちらが世の中をよくするかと言えば、**明日を信じて約束を守る人**です。世の中の全員がそうなるのは難しいでしょうが、約束を守る人が十分いないと世の中は回りません。

　明日を信じていないなら、社会にどれだけ迷惑をかけてもいいということになります。だから多くの人が金持ちを目指すのは、一見不健全なようでいて、世の中を健全に持っていく一番よいやり方だと思います。

 多くの人が金持ちを目指すことは、社会全体を健全にする

カネ以上に時間を節約すべし

弾言
成功する人生とバランスシートの使い方

> 給料が安いと生活が苦しく、貯金もできない。そこにまた安い仕事を追加して、さらに忙しくなって生活も苦しい……という悪循環に陥りがちだ。この悪循環からどう抜け出すか。

実は、誰にでも節約できるものがあります。それは、「時間」です。ワーキングプアと言われる人たちは、8時間の労働では十分なお金を得ることができずに、仕事をどんどん追加していきます。要するに、**自分の時間を安売りしているんですよ**。一番貴重なリソースなのに。時間を取り戻すことは神でも不可能です。

いくら節約すると言っても、これ以上はできないという限界は何事にもあります。例えば、あまりにも食べ物を摂らないと飢え死にしてしまいますよね。時間も同じです。他人のために働ける時間には、限界があるんですよ。その限界を意識して、自分のための十分な時間を確保すべきです。そうやって時間を作れば、頭も鮮明になって自分が何をすべきかをよく考えられるようになります。下手な座禅よりよっぽど効き目があるでしょう。

 考えるための時間を確保せよ

どんなにお金が必要でも、週40時間以上仕事をしてはいけないと思います。そうやって月収が10万円にしかならないのであれば、

10万円で生活できるように切り詰めるべきです。そこで15万円必要と思ってしまうのがいけない。生活が苦しいと言いつつ、パチンコをしたり、ゲーム機を持っていたりする人は多いでしょう。

 週40時間以上働かないようにしよう

　知り合いとバーター取引できるものがあればすればいい。今なら知り合いでなくとも、ヤフオクで売買だってできます。生きていくために本当はいくら必要かを綿密にはじき出してみると、意外なほど安い金額になるものです。売れるモノは売ってしまえばいいし、必要なら破産して、生活保護を受けるのも選択肢になりえます。生活保護を受けることで自尊心が傷つくように思う人もいるでしょうが、それは正当な権利ですから、ちゃんと請求していい。

 自分に最低限必要なモノは何かを考えろ

　一度すっからかんになるのは気持ちいいですよ。僕の場合、大学生の時に実家が火事で全焼し、強制的にゼロになりました。自分の意思で完全にゼロにするのは難しいですが。

　最小限の生活を飽きるまできっちりやってみる。経費削減はやってみるとけっこう楽しいですよ。「1カ月1万円生活」なんてかなり人気がありますよね。はっきり言ってアレに限らず日本のテレビ番組は芸能人の職安と化していて、見てもうんざりするだけなので僕は見ていませんが、あれが面白い企画であることは認めます。

　ただ、ここで気をつけなければいけないのは、モノを安く買うために時間をたくさん使うと経費削減にならないということです。これに気づいていない人が実に多い。**モノを買う時は、自分の時給を**

考えましょう。

　例えば、自宅隣のコンビニで1000円のモノが、往復30分かかるところにあるスーパーでは500円で売っていたとしましょう。スーパーに行くのを半時間分の時給と考えたら、時給1000円以上の人にとってはコンビニで買う方が安くなります。もちろん、散歩がてらというならいいでしょうが、そこまで考えられる人はあまり汲々とはしていないでしょうね。

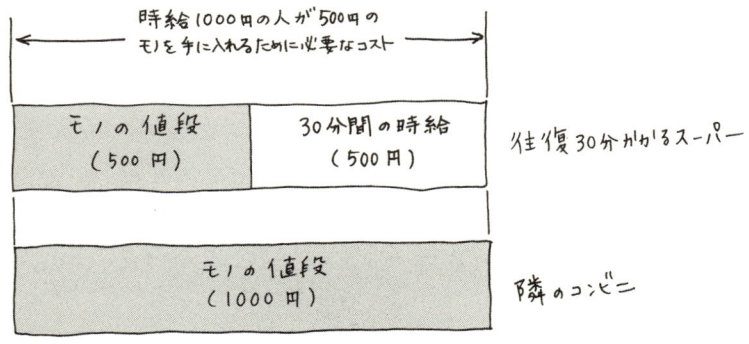

　ワーキングプア問題の本質は、もらえる給料が少ないということではないんです。多くの貴重な時間が奪われているということなんですよ。まず、時間を取り戻そうと。とにかく、迷ったら原点に戻ってみる。収入もミニマムだけど、使う時間もミニマムという状態を知っておいて、そこにいつでも戻れるようにしておく。

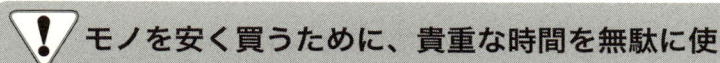
モノを安く買うために、貴重な時間を無駄に使うな

経費削減をずっとやっているだけでは、飽きてきます。飽きてくると、どういう風にすればお金を増やせるかアイデアがこんこんと湧いてくるのです。そうなるとしめたもので、世の中の何を見ても金づるに見えてくる。

　気づくための簡単な方法は、**体も頭も飢える**ことです。腹が空けば、食べ物の匂いに敏感になるでしょう。同じように、知識に飢えるといろいろなことが見えてくるのです。経費削減でマイナス要素をなくせば、何をやっても面白いように利益が出てきます。これも後述しますが、まずはテレビを消しましょう。いや、捨ててしまいましょう。

 知識に飢えれば、金づるが見えてくる

会社員こそ内職すべし

多くのサラリーマンは、会社に長時間拘束されている。どうやって自分のための時間を確保すればいいのか。

ホ ワイトカラーの場合、本当に8時間オフィスにいないといけないかと言えば、そんなことはまずありません。忙しいように思っても、隙間時間はたくさんあるものです。その時間は**内職に充てましょう**。勉強や仕事のスキルアップなど、自分の価値を向上させるために使うのです。それで仕事の効率が落ちると感じるなら、2時から4時までと時間を決めて、ひたすら集中して仕事をこなすようにします。

> ⚠ **隙間時間を使って、自分の価値向上を図れ**

　会社の側にしても、それくらいの内職は大目に見る度量が欲しいですね。それを絶対に許さない会社だとしたら、辞めることを真剣に考えた方がよいでしょう。また、残業時間も目安になります。残業が毎月40時間以上なら、辞めた方がいい！

　実は週40時間という労働時間はこれでも多過ぎるぐらい。日本人の年間総労働時間は「公称」1800時間、「サービス残業」など統計に現れていない部分まで合わせれば2000時間と言われていますが、オランダは1400時間。7割しか働いていないのに、1人当たりGDPは日本と同じくらいあります。

　重要なのは、まずは残業なしでもきちんと生活が送れるようにしておくことです。時折残業代をあてにして住宅ローンを組んだりしている人がいますが、断言します。**残業に依存するのは、ニコチンに依存するより危険です！**

　どうやればいいか？　そのために本書があるのです。一緒にそれを学習していきましょう。

　「私は自営だから毎日が月曜日」「フリーランスに残業もへったくれもない」という方は、まずは自分の行動記録をつけましょう。そ

れで無理矢理にでも「労働時間」を算出するのです。それが年間1400時間を上回っていたら、危険信号です。2000時間ではありません。裁量労働は、会社や上司によって勤怠管理されてる場合よりも多くの「オフタイム」を必要とします。

裁量労働の「裁量」とは、まず**勤怠管理が自分の裁量**だということを忘れないでください。

会社の辞め時を知ろう

転職や起業をすると収入は下がることが多く、常にリスクが伴う。会社を辞めるべきかどうかの判断基準はどこにあるのか。

会社に残るべきかどうかの判断基準としてはもう1つ、いい仕事をしている人が身近にいるかどうかです。自分がその人の技を盗みたいという人がいるなら、安月給だとしても働いてしまうものです。IT業界でうまくいっている会社というのは、給料がよい上にそういう環境が整っていることが多いですね。グーグルはその典型でしょう。

もし、学ぶべき人や機会がないのなら、速攻で辞めるべきです。

残業が多く、学ぶべき人がいない会社なら辞めろ

　辞めると決めたら、貯金額を決めた上で、貯まるまではがむしゃらに働きましょう。時にはがむしゃらになることも必要です。金額は1年間何とか暮らせるだけ、普通なら300万円、節約上手な人なら150万円くらいでしょうか。

　そのためには、**都落ちを恐れずに。**家賃は日割りで計算して、いつも宿代を払っている意識でいることが重要です。家賃は手取り収入の1/4にまで落とし込むようにします。

　そうやって、まずは1年分の貯金を作っておいてください。もし、あなたが1年に100万円必要なら100万円、300万円必要なら300万円ということです。重要なのは、あくまで「1年分」ということ。だからこそ、生活費を落とすことが重要になってきます。300万円必要だったのが150万円になったら、それだけで150万円貯金したのと同じことになるのですから。

　こうして貯金ができれば、転職のリスクに対しても強気でいられるようになります。そして**「いつでも辞められる」という自信**が、仕事にもポジティブに働きます。そうなった時に、もう一度辞めるべきかを考えてみましょう。「やっぱりこの仕事まだ学ぶべきことがあるな」と思えば続ければいい。しかしそうでなければ、今度こそすっぱり辞めちゃいましょう。

読書は最強の自己投資

> 苦労して時間を作ったなら、それを活かして自分の価値を高めたい。そのためには、どうするのが最も効果的か。

隙間時間の活用法として手軽なのは学習をすることで、そのために最も効果的な手段が読書です。何と言っても、本は自分で読むスピードを調整できますから。

大事なのは、少しでも暇ができたらすぐ本をめくる習慣をつけることです。読まなければと思って読んでいるうちはまだまだですね。お金がなければ、図書館で借りてもいいでしょう。ただし、ある程度収入が得られるようになったら、**買う方が確実に安くつきます**。図書館に行く時間や手間を省けますからね。

 時間がちょっとでも空いたら、本を読め

書籍の多くがホワイトカラーを対象にしているのは事実ですが、痛くない注射針で有名な岡野工業の岡野雅行社長のように、語れるブルーカラー、メタルカラーも増えてきています。彼らの発言には、実際に手を動かしてものづくりをしていないと出てこない言葉が多く、僕もこういう本を好んで読みます。また、これらの職種に就いている人自身も、本からさまざまなインスピレーションを受けられるのは間違いありません。

ブルーカラー、メタルカラーについて言えば、「**稽古**」も重要です。外科医は暇があると縫合の練習をしていたりしますが、そういった稽古を自然にできているかどうかで大きな差がついてきます。

　また、読書に限らず、情報を取り入れる時には、問題意識を持っているということが重要です。自分は何を知るべきかは、自分に何が足りないかを考えれば見えてきます。問題を自分なりに考えていれば、ヒントになりそうな情報が入った時にピンとくる。僕は、これを「**衝突断面積（cross section）を広げる**」と表現しています。パラボラアンテナの皿を大きくするイメージです。

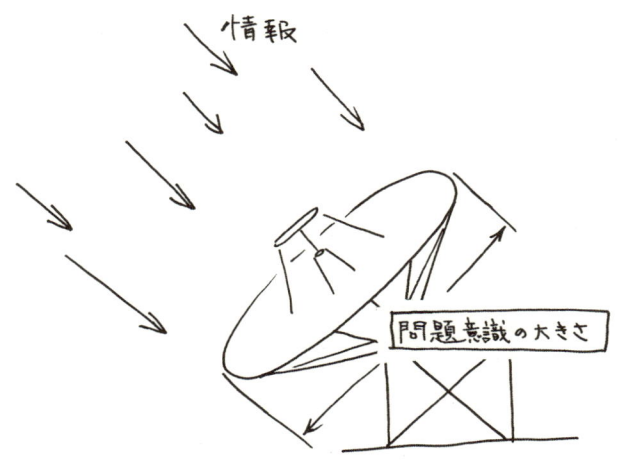

 常に問題意識を持ちながら、本を読め

　栄養と同じく、本も1つのジャンルに偏るのはよくありません。今まで読んだことのない分野の本も読んでみるとか、時々は横道に

逸れてみないとなかなかアイデアはつかまりませんよ。どういうところに自分のアンテナを向けるか。**チューニングの調整**は毎日意識してやるべきです。

また、少ない本をじっくり読むより、多くの本を読み飛ばすのがよいでしょう。情報というのは、強力なポジティブフィードバックが働きます。ある分野について知れば知るほど、新しい情報を早く理解できるようになり、さらに良質の情報が大量に集まるようになるのです。

 多くの本を読み飛ばせ

読みたい本からどんどん読んでいきましょう。極端な話、読むのはマンガでもエロ本でもいいのです。

しかし、1つ気をつけていただきたいのは、本を読了しても、それは読書の半分にすぎないということです。本を読み終わったら、今度は**「自分を読んで」**みてください。その本を読む前の自分と読み終わった後の自分がどう変わったか。読書の質は、この差で測れます。これを必ずやって下さい。

 本を読んだら、次は「自分」を読め

本に付箋を貼ってはいけない

付箋を貼ったり、ペンでマーキングするなど、いろいろな読書のためのテクニックが巷には溢れている。効果的な読書方法は何か？

僕は、本にまったく付箋を貼りません。付箋を貼るのは、情報を固定化する行為なんですよ。本に書いてあることが完全に理解できていなくてもいい。「だいたいこんな感じ」と曖昧にしておくことも重要です。むしろそうでないと、別の本に同じようなことが書かれていても、関係があることに気づかないでしょう。ぼやけたままにしておくことで、「あの本にはこう書いてあったが、こちらの本にはこう書いてある」というように、2つの方向から1つの情報に当たることができるようになります。それが後から何かのヒントに化けたりもする。以前読んだ本が、別の体験や本と巡り会うことでまるで別の意味を持つこともある。読書を「固定化」することは、そのチャンスを減らしてしまうのです。内容をきちんと確認したかったら、もう一度その本を読み返せばいいのです。体験と違って、本は消えたりしないのですから。

> ⚠️ 本を読む時は、「こんな感じ」という曖昧さを残しておく

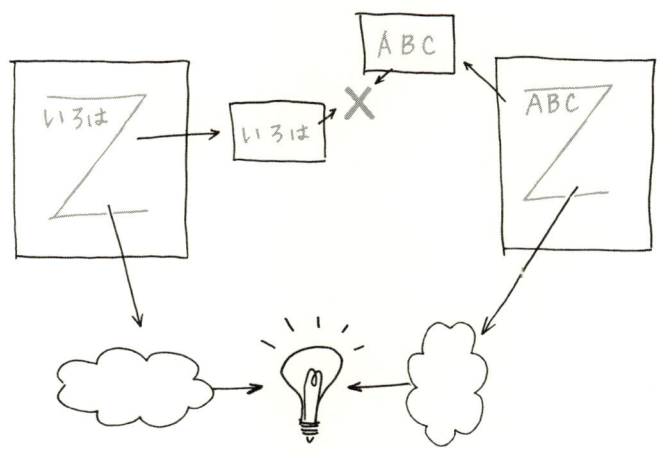

　また、本だけを読んでいても、本を読んだことにはなりません。自分の経験と照らし合わせて、やっと本に書かれていることが実感できるようになります。最近流行の仕事術やライフハックの本を読んでノウハウを取り入れるのはよいことですが、大事なのは自分なりに**咀嚼して実践してみる**こと。なぜ勝間和代さん（＊）の本が売れるかと言えば、いいことが書いてあるからじゃないんです。それが実体験に基づいているからなんです。読書が単なるページをめくるだけの行為となるか、**体験となるか**の違いがそこにあります。もちろん、本書も同様です。

　人間は食べ物のタンパク質をそのままの形で利用することはできず、一度アミノ酸まで分解してから、自分の体に合ったタンパク質として再合成します。情報も同じです。ただ丸呑みしても役には立たず、自分なりに分解・再合成しないと血肉にならないんですね。

 本を読んだら、内容を自分なりに咀嚼・実践してみる

＊　経済評論家。著書に『効率が10倍アップする新・知的生産術』、『勝間式「利益の方程式」』などがある。

貴族の義務を負う
ことになった平民

ベストセラー『勝間式「利益の方程式」』(勝間和代、東洋経済新報社) では、商売のノウハウが具体的なメソッドにまで落とし込まれている。同書に限らず、近年はわかりやすく実践的なビジネス書が増えてきた。

現代において知恵がハイパーインフレを起こしているのは確かでしょう。知恵はすぐ共有されるので、価値が下がってしまうように感じられます。この傾向は、今後ますます強くなるはずです。しかし、そのおかげで何だかんだ言ってわれわれの社会全体の知的レベルは以前よりもずっと上がっています。そもそもあなたがこうして本書を読んでいること自体、社会が読み書きをタダであなたに教えてくれたことの証でもあります。21世紀の日本のあなたにとって当たり前なこのことは、ほんの1000年前にはありえないことだったんですよ。

 現代人の知的レベルは向上している。だから、知恵の価値は暴落した

昔は、「大人ならこれくらい知っていて当然」という建前がありました。ところが、最近はそういう建前論ではうまく仕事が回らないということがわかってきたのです。

そもそも、昔のインテリは食うに困らない貴族でした。知識は特権階級の証であり、「あればいいけどなくても困らない」という程度のもの。平民が賢くなろうとするインセンティブ（経済的誘因、要するに馬にとってのニンジン）はさほどなかったわけです。しかし、階級制度が崩壊した現代では、全員に貴族の義務が課せられていると言ってもいい。現代において、**知識は「ないと困る」もの**になり、バカであることが罪になってしまった。『本当に生きるための哲学』（左近司祥子、岩波書店）のようにすごく実践的で、ある意味攻撃的な教養書も増えています。

> ⚠ **現代においては、バカであることが罪になってしまった**

例えば、僕のブログで『数に強くなる』（畑村洋太郎、岩波書店）という書籍を紹介しました。この本は、子どもでもわかるくらい平易に書かれていますが、物事を定量的に扱うためのコツが具体的に書かれていて、いろいろな局面でとても役に立ちます。

昔なら、経営者や専門家でもない人が数に強くなる必要はありませんでした。そういう意味で言えば、社会全体の知的レベルを一番節約できるのは階級社会なのですが、僕たちはすでに階級社会を否定し、もはや元には戻せません。インドですら、カースト制度が崩壊しつつある。僕たちは、バカであり続けることを許されなくなってきたのです。

情報洪水に溺れない

世の中にはさまざまなメディアが溢れており、情報が洪水のように押し寄せている。この中から、自分に必要な情報や知識を見つけるには、どうすればいいか。

どうやって知識を見つけ、自分のものにしていくかを完全に一般化できた人はいないでしょう。しかし、こうすればいいということは言えなくても、こうすればダメになるという具体例は挙げられます。

まず、「テレビを見るな」ということです。負け組の定義は「テレビを消せない人」。これは弾言してしまいましょう。

⚠ テレビを見るな

厳密には、「テレビをだらだら見るな」ですね。情報に対して受け身であることは、絶対にダメ。テレビ番組は、発信者の都合を、発信者のペースで、そしてあなたの時間を消費して受け取る仕組みになっています。「タダより高いものはない」という言葉がこれほど当てはまるものは現代社会において他にありません。

積極的に情報を取りにいく習慣をつけるために、一番簡単な方法がテレビのスイッチを切るということです。テレビを見ないことは、**禁煙するよりも効果がある**と弾言します。タバコで縮まる寿命より、

テレビで無駄にする寿命の方がずっと長い。

　積極的に番組を見にいくのであればいいんですよ。時間的コストを支払ってでも見るべきテレビ番組がないわけではありません。NHKとBBCが共同制作した「プラネットアース」とか。あるいは、まったく逆に、超くだらない番組を頭を休ませるために見るとか。そして、見終わったらプチッとスイッチを切る。いっそペイパービューの放送だけにした方がいいかもしれませんね。あと、趣味として、「この深夜アニメだけは見る」というのなら認めますよ（笑）。最悪なのは、とりあえず「み◯さん」「タ◯さん」の番組をつけておくという見方です。どうしても見たい番組があるのなら、リアルタイムで見ずに録画しておき、必要な箇所だけ見るようにしましょう。

「ながら」で情報を取り入れられる分、テレビよりラジオの方がいいかもしれません。最近は、ポッドキャストで必要な番組だけを聞くということもできるようになりました。

情報に飢えよ

弾言 成功する人生とバランスシートの使い方

> テレビ以上に、Web 上では大量の情報が溢れている。また、既存メディアである新聞の影響力もまだまだ大きい。

　僕は新聞を取っていませんし、ニュースサイトの巡回もしません。1 日に 1 回、Yahoo! ニュースのトップをざっと眺めるくらいでしょうか。「はてなブックマーク」の注目エントリーはよく見ていますね。

　新聞を読むのは、飛行機に乗っている時くらい。自分で取って読むものじゃないですよ、新聞は。「テレビを見るな」に加えて、「**新聞を読むな**」というのもいいかもしれない。

　情報洪水に溺れないコツは、一方的に送られてくる「プッシュ型」の情報を一度全部捨ててみることです。テレビはプッシュ型の極致だから切ると。DVD で映画を見たりすることはあるでしょうから、テレビの機械そのものを捨てろとは言いませんけど、それですら損より得の方が大きいかもしれません。DVD の再生なら、今やたいていのパソコンでできますから。

⚠️ 一度プッシュ型の情報をすべて捨ててみる

　世界情勢がどうなっているかとか、心配になる人もいるかもしれません。

　しかし、そんなことは忘れてけっこう。知らなくても人間は生きていけます。逆に、地球の裏側のことまで気にし出すと、自分のことがおろそかになります。**情報の押し売りを断れない人は「負け」**ですよ。知らなくてもいいことを知り、欲しがらなくてもいいモノを欲しくなり、買わなくてもいいモノを買ってしまう。そうやって、絵に描いたような悪循環に陥っていくのです。

　「テレビを消す」「新聞を読まない」ということが簡単なことだと言うつもりはありませんが、テレビを消せない人間が情報強者になることはありえません。

自分が本当に知りたいことは何かを、静かなところで考えた方がいいんじゃないですか。

> ⚠️ **テレビを消せない人間は、死ぬまで情報弱者である**

そのために、情報の断食をしてみる。飢えている感覚はとても大事だと思うんです。風邪を引くとイチゴがやたら美味しく感じるじゃないですか。同じことが情報でも起きます。あることに関して知りたいと思って意識のチャンネルを合わせれば、今はすぐに情報が飛び込んでくる時代です。

結局は、どこにチャンネルを合わせるかなんですよ。よく誤解されることですが、チャンネルは情報を入手するためにあるのではなく、そのチャンネル以外の情報を捨てるためにあるのです。

> ⚠️ **チャンネルは、余計な情報を捨てるためにある**

人間は常に情報に対する飢餓感を持っていますから、その飢餓感を上手に利用してやればいいんですよ。

プッシュ型の情報を断っても、死にはしません。知らないニュースがあるのは普通です。そんなニュースがあったんですか、どんな事件だったんですかと後から聞いた方が、よほど整理されて役に立つ情報を得られます。

> ⚠️ **1週間テレビもネットも見ないで、情報断食をしてみよう**

情報に飢えた状態になってから本屋に行ってみると、本の方から「読め」と語りかけてくるのが聞こえてきます。
　だまされたと思って、1週間テレビを見るのを止めてください。Webサイトをテレビ代わりにだらだら見るのも止めましょう。
　テレビを見ないということに関しては、若い人の方がよくできているかもしれません。テレビを見ない若者は昔より増えています。彼らにとっては、他人が流す情報より、友だちからくる情報のプライオリティ（優先順位）の方が高い。その代わり、彼らは友だちからのメールにすぐ返事をしなければならないという強迫観念に駆られているようですが。
　情報断食をする時は、電話やメールも切りましょう。そうすれば、自分が誰と話したいのかわかるようになります。大丈夫、1日くらいメールに返事しなくても友だちはなくならないし、もしなくなるなら**最初から友だちではなかった**ということです。

> ⚠ **友だちからのメールにすぐ返信しなければと思い込むのは止めよう**

　他愛もないことを無視できる間柄でないと、友だちと呼んではいけないはずです。反対に、会社からの業務命令はくだらないことであっても無視することはできませんよね。しかし、友だちなら本当に必要なメールにだけ返事を出せばいいはずです。そうでないと、友だち同士で疲れてしまいます。レスポンスの速さや感覚をお互いつかめているというのも、友だちであるという証拠の1つでしょう。

現在の自分を
正確に知る

弾言
成功する人生と
バランスシートの
使い方

> 情報は外部からやってくるものではない。自分自身こそ、重要な情報源になりえる。

人付き合いに限らず、自分の標準状態を知っておくのはよいことです。人が成長するためにはそれが重要なんですが、意外と見落としがちなことなんですね。

身長や体重は機械で測れるからいいとして、食事は１日何回どんなものを食べているか、どんなテレビ番組を見ているか、仕事をこなす速度に、付き合いのある友人の数、日々の運動量などなど。自分が何に対してより強い興味を感じるということも飢えないとわかりません。

うまく人生をやりくりしている人というのは、食事の献立１つとっても上手ですよ。そして、情報洪水の中でもきちんと飢餓状態を作っています。

僕がブログを書いている理由の１つに、**自分の状態を知る**ということがあります。自分が思っている自分の姿と人から見た自分の姿には差があるので、鏡代わりになるツールを使って自分を映してみることも必要になります。最初のうちはブログではなく、人に見せない日記でもいいでしょう。

> ⚠ ブログや日記を書いて、自分の状態を客観的に見てみよう

一度は物事に
とことんハマれ

弾言
成功する人生と
バランスシートの
使い方

> 何かに興味を持ったら、それについてもっと深く知りたくなるのは自然なことである。しかし、そもそも普通の人間にとって、熱くなり続けられるものを見つけることこそが一番難しいのかもしれない。

熱中できることを見つける簡単な手段は、何かにちょっとハマったなら、それをとりあえず飽きるまでやるということでしょうね。やっている過程で別の何かが見つかることもありますし、まずはサルのようにやってみることです。それがゲームでもマンガでもかまわない。仕事以外の空いた時間をすべてそれにつぎ込むくらい熱中できれば。だいたい3日くらいすれば、ちゃんと飽きるようになっています。

そして、飽きたら、そのジャンル自体に飽きたのか、たまたまやっていたゲームに飽きたのかを見極めましょう。ジャンルそのものだ

というなら、別の何かを探しに行くべきです。1つのゲームに飽きて、ここをこうすればもっと面白くなるのにというように考え始めたのなら、もっと深く追究していけばいいでしょう。

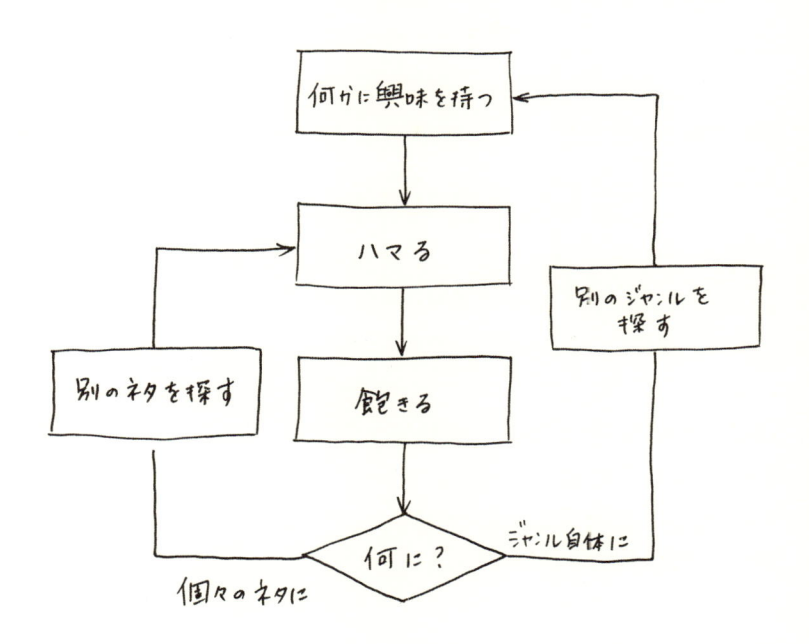

```
       ┌─────────────┐
       │ 何かに興味を持つ │◄──────┐
       └──────┬──────┘       │
              ▼              │
       ┌─────────────┐       │
   ┌──▶│   ハマる    │   ┌───────────┐
   │   └──────┬──────┘   │ 別のジャンルを │
   │          ▼          │   探す    │
┌─────────┐ ┌─────┐      └───────────┘
│別のネタを │ │飽きる│           ▲
│  探す   │ └──┬──┘            │
└─────────┘    ▼               │
           ◇ 何に？ ◇──ジャンル自体に─┘
              │
          個々のネタに
```

⚠ 何かにハマったら飽きるまでやるべし

　いずれにしても、サルのように何かにハマり、飽きるというプロセスを一度は経験しておくべきです。「ハマリ」に対する自分の間合いを知らないと、いずれとんでもないものに引っかかることになるかもしれませんね。

いいゲーム、悪いゲーム？

弾言
成功する人生とバランスシートの使い方

> ついつい惰性でゲームをやり続けてしまう経験は誰にでもあるはずだ。

　熱中しているのではなく、惰性でゲームをやっていると感じたら、テレビの場合と同じく止めるべきでしょうね。

　また、ゲームには、ハマっていいものと悪いものがあると思っています。

　僕にとってゲームというのは自分でプレイするものではなく、リバースエンジニアリングで構造を解析して遊ぶものでした。しかし、「シムシティ2000」にだけはハマりましたね。3日くらい寝ずにやったことがあります（笑）。

　そういうゴールが1つではないゲームは、ハマっても発展的です。逆に、迷宮があってラスボスを倒して……というゲームは、失礼な言い方になりますが、搾取されがちな人がハマるゲームでしょう。人の作った世界観をそのまま受け入れるか、ある程度自分が世界を作っていきたいのかという違いがあります。最近はノベルタイプのゲームが増えていますけど、ストーリーを追うだけなら本を読んだ方がいいですよ。

> ⚠️ **自分で世界を作れるゲームで遊べ**

シムシティやシムピープルを開発したウィル・ライト氏は、自らの作品を「ソフトウェア・トイ」と称しています。ゲームとおもちゃ（トイ）では、ちょっとユーザー層が違いますね。僕は、おもちゃで遊ぶ方かな。

のび太はアルファギーク

自分の好きなことを仕事にしたいと誰もが考える。それは甘い考えか、それとも……。

野　球や将棋のように、競技を観戦して楽しむ娯楽はどんな世の中でも必ずあります。僕は、ゲームはゲームですごく評価していますよ。戦争をやるより、みんながゲームにハマっている方がよっぽどいいじゃないですか。しかし、ゲームのプレイを単なる趣味ではなく生活の糧にしようと思ったら、そこはレッドオーシャン（競争が非常に激しい市場）だということは覚悟しておかなければなりません。

⚠ **自分の得意分野がレッドオーシャンなら覚悟すべし**

みんなが好きなことで食っていこうとすれば、その解決策はゲームの種類を増やして、観客からの実入りで生活するということになります。しかし、日本ではまだ一定数以上の人が楽しむゲームの種類が少ないですね。かつては野球と相撲、最近ようやくサッカーが根づいてきたくらい。ゲームの種類はもっと増えてもいいでしょう。というよりも、ゲームの種類を増やすことが、世界を幸せにすることにもなると僕は考えています。
　よく例えに出すのが、『ドラえもん』に出てくる「のび太」です。あやとりというジャンルでプロが成立すれば、のび太にも居場所がある。まじめな話、今の時代、1人くらいならあやとりのプロで食っていけますよ。のび太は、今で言えば「アルファギーク」（先鋭的な感性を持つエンジニア）かな（笑）。
　これについては、第2章で詳しくお話しします。

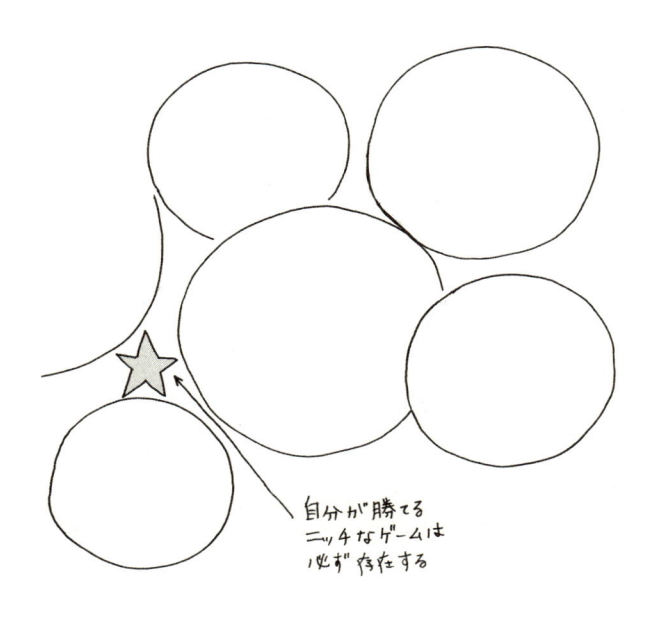

自分が勝てる
ニッチなゲームは
必ず存在する

楽しんで学ぶ
「楽習」で生き残る

「勉強しなければ」と焦ると、何も頭に入ってこない。しかし、勉強を趣味にすれば、楽しみながらどんどん知識を吸収していける。

　自分だけのフィールドを見つければ、知識も自然と身についていきます。勉強と大げさに言わなくても、わからなかったことがわかるようになり、できなかったことができるようになる、それだけでも心理的にはすごい報酬になるわけですよ。今まで乗れなかった自転車に乗れるようになったら単純にうれしいでしょ。

　好きな分野の勉強だとしても、いやになることはあるかもしれません。そういう時は、楽しそうに物事を学んでいる人の真似をしてみることですね。**猿真似は基本中の基本**です。そういう人は、探せばいくらでもいるでしょう。身の回りにいなくても、本の中にはいくらでも書いてあるじゃないですか。同じことを学ぶなら、眉間にしわを寄せている人より、ニコニコしている人から学びましょう。

　大事なのは、学ぶのは楽しいと気づくこと。快楽のないところに、学びはありえません。大脳新皮質は知識を快楽によって学んでいくのです。学ぶ行為そのものが楽しくなれば、いくらでも学んでいくことができます。僕はこれを「**楽習**」と呼んでいます。

　IT業界では「プログラマ35歳定年説」なんてことがまことしやかに語られますが、楽習できればそんなことは簡単に乗り越えられ

ますよ。

⚠️ 何事も楽しく学ばないと身につかない

　もっとも、『脳の中身が見えてきた』(甘利俊一、伊藤正男、利根川進共著、岩波書店)によれば、知覚と運動機能の統合を司る小脳では、失敗したと思うたびに回路が消され、うまくいった時の回路だけが残っていくそうです。やはり何度も転ばないと自転車には乗れるようになれないようですね。こういう無意識の部分まで鍛えるには、やはり苦行というか**稽古も必要**になってきます。

　しかし、物事を習慣化すると、今度はやらないことが苦痛になってきます。僕にとっては、読書やブログを書くことがそうかな。楽しく学ぶということからスタートしないといけませんが、継続するためにはしないことが苦痛になるように習慣化しないとダメです。例えば、歯磨きをし忘れると気持ち悪いでしょう？　集中力が高い人、努力を継続できる人は、精神力が強いというより、習慣化が上手なのです。

⚠️ 何かを身につけるには、しないことが苦痛になるまで習慣化せよ

　習慣化するためのコツとしては、締切や小さな目標の設定が挙げられます。締切を破ると、誰でも後ろめたく感じて、次こそちゃんとやろうという気持ちになるものです。また、小さな目標を設定することで、**やり遂げた快感**が得られるようになります。例えば、本を読むのが遅い人は、この章だけ、この節だけといった目標を決め、そこまでは頑張って読むのです。一度やり遂げた快感を得ると、もっ

と大きい快感を得たいと感じるようになってくるはずです。

> ⚠️ 締切や目標を設定すると、物事を習慣化しやすい

ブログは最強の勉強ツール

> 効率的な勉強方法とは、どのようなやり方だろう。

効率がよい勉強方法としては、自分が学んだ内容をブログに書くことが挙げられます。書くことで自分の知識が整理されるということも大きいのですが、それ以上にありがたいのは他人にツッコミを入れてもらえることです。秀でていれば賞讃してもらえますし、劣っていれば直してもらえます。自分のブログにツッコミがなかったら、その分野の「できる」人のブログに、自分でツッコミを入れてみる。別に議論に勝つのが目的ではなく、相手になってもらえさえすればいいんです。自分より物事をよく知っている人にツッコミを入れるのは勇気がいることだと思いますが、でも**みんな未熟さの度合いがちょっと違うだけなんですよ**。

> ⚠️ **勉強したことをブログに書いて、他人からツッコミを入れてもらえ**

　手軽なアウトプットはブログですが、いずれにせよ、得た情報は自分なりに消化吸収するという習慣をつけるのが重要です。何かを学ぶというのは、知識を自分化していくこと。自分にしか作れない知識体系というものは必ずあるんです。のび太にとってのあやとりが。

「それが見つからない」ですって？　その場合の秘訣。とりあえず上手でなくてもいいから好きなものを見つけて、上手な人を徹底的に、徹底的に、徹底的に真似してみるのです。そのうち真似も上手になっていきますが、どうしても真似できない、どうしても自分流になってしまうところが出てくるはずです。この違和感こそが「**あなた**」**の正体**です。逆説的ですが、自分がわからなくなった時には徹底的に誰かを真似てみてください。

> ⚠️ **上手な人を徹底的に、真似できなくなるまで真似てみよう**

世界は「無記名の善意」に満ちている

現在は人間関係が希薄になっていると言われる。昔は、身の回りにいる人から今よりもさまざまなことを学ぶ機会があった。

昔なら、引きこもりは近所のお節介なオバちゃんに引っ張り出されたものですが、今はそういうことはまれになりました。人同士の縁が薄くなり、「人生は、こうやったらうまくいく」ということを他人に教えてもらいにくくなっているということは言えるかもしれません。

人が特定の誰かを助ける、そういう善意は手に入れにくくなっていますが、その代わり今の世の中は「無記名の善意」に満ちていると僕は思っています。「無記名の善意」というのは、特定の誰かのために作られたのではないモノすべてです。例えば、道路やネットは誰が利用してもいい。本も、特定の個人を対象にして書かれているわけではありませんから「無記名の善意」です。誰でも利用できるツールがこれほど充実している時代は、歴史上なかったでしょう。

道路　インターネット　オープンソースソフトウェア

本　学校　公共施設

　ただし、この「無記名の善意」を利用するためには、必ず「先手」を打つ、自分から行動を起こす必要があります。世の中の方が、困っている人を勝手に見つけて助けてくれる時代ではないのですから。しかし、自分から要求を出さない人には何もしないという世の中の方が、お節介な世の中よりも多くの人を救ってきたのが、現実の歴史なんですよ。

　世界で一番お節介なのは、どんな人だと思いますか？　それは独裁者です。独裁者は、何が正しいか間違っているか、あなたの代わりに判断してくれます。あなたはものを考えるという高いコストを払わずに済みます。そう、まるで戦前の日本のように。お隣にもそういう国がまだあります。でも、そういう社会が多くの人間を幸せにしましたか？　その歴史的事実から目をそらしてはいけません。

> ⚠️ 自分が自由に使える「無記名の善意」に気づけ

　そして、あなたが先手を打つためには、常に問題意識を持っていることが重要になります。自分の体験、本や他人からの情報、それらを自分なりに咀嚼し、「なぜそうなっているのか」「もっとよい方法はないか」を常に問う。そうした日々の習慣があなたの問題意識を作っていきます。

積極的に「待つ」という高等技術

> 人生においては、攻めるばかりでなく、じっとチャンスをうかがうことも必要になる。

　先手を打つのが重要とは言いましたが、時には「待つ」という高度な技が必要です。これがないと進められないというクリティカルピースは確かに存在します。例えば、現在のようなWebエコノミーの可能性に気づいたとしても、マーク・アンドリーセンがWebブラウザの「Mosaic」を開発するまでは、どうしようもなかったわけです。マーク・アンドリーセンが登場するのを待つか、自分がマーク・アンドリーセンになるしかない。

その時期がきたらすぐ動けるように待つ。そのためにも、暇、時間が重要です。もし暇がなかったら、チャンスがきたとしても見送るしかありません。
　僕自身については、ネットワークの面白さにハマっていた時に、ちょうどインターネット時代が訪れたので、うまくビジネスにつなげていくことができました。待つという才能を必要としなかったという意味では、運がよかったと思います。ただ時間の余裕を作ることの重要性はわかっていましたから、そのおかげで流れを見極められたとは言えます。
　自分の人生を飛躍させるために必要だけど、自分が今は持っていないもの——誰でもそういう「何か」を待たなければならない時はあるはずです。そのために、普段からいろいろな物事にチャレンジして、小さな失敗を重ねて経験値を上げておきましょう。
　いずれにしても、きちんと「待てる」のは、時間なりお金なり、余裕がある人です。余裕は、お金よりも時間としてもらうのがいい。

> **！ チャンスに備えて、お金の余裕より時間の余裕を作れ**

　だから、月20万円必要なのに15万円しか稼げないなら、月15万円で暮らせるように自分をいじって、5万円分は時間としてもらいましょう。これは何歳になっても変わらない真理です。

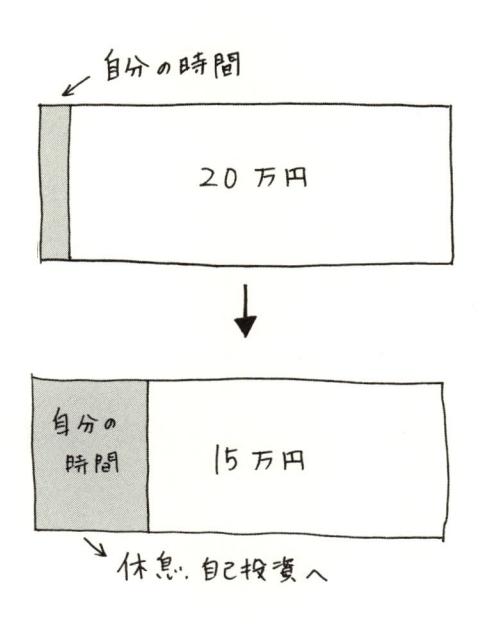

```
         ↙ 自分の時間
    ┌─┬─────────────┐
    │ │   20万円    │
    └─┴─────────────┘
            ↓
    ┌─────┬──────────┐
    │自分の│          │
    │ 時間 │  15万円  │
    └─────┴──────────┘
        ↘ 休息、自己投資へ
```

ウィンプ（弱者）vs. マッチョ（強者）

ブログ上では、「ウィンプ vs. マッチョ」と呼ばれる論争が展開されたことがある。今の世の中をうまく渡っていくためには、小飼弾のような強い人間（マッチョ）でないとダメで、弱虫（ウィンプ）にはとうてい無理というのが大まかな内容だ。

雇用の側面から、1つ質問を考えてみましょう。あなたが経営者だとして、100万円のお金を持っていたとします。このお金で、日本人のアルバイトを1人雇いますか、それとも10人の中国人を雇いますか？

昔ならこんな質問は単なる思考実験にすぎませんでした。しかし、今や経営者なら、コンビニエンスストアの店長だってこういう選択を常に迫られています。すでに、日本人労働者は中国人やインド人と直接競争しているのです。

⚠️ 自分がグローバルな競争の渦中にあることを自覚しろ

経営者はその事実をよくわかっています。経営者の場合、間違った選択をしたら事業全体がなくなるというリスクを負っていますから、真剣です。それならば、お金をもらえるポジションに自分を持っていくにはどうすればいいか、雇われる方も真剣に考えないといけない。

実際に経営者になるかどうかは別にして、よい労働者になるには、経営者の立場に立ってものを考えるしかありません。逆に、よい経営者になるには、労働者の立場に立つ必要もあります。たとえば、松井証券社長の松井道夫氏は、かつて日本郵船で労働組合の書記をやっていました。ちょっと例がずれますが、作家の多くが元編集者であり、松岡正剛氏のようにその両者を兼ねている人も少なくありません。

「敵を知り、己を知れば百戦危うからず」ということわざがありますが、まずは「敵」を知っておきましょう。**己を知るより簡単**です。

> ## 自分と対立する立場の人間になったつもりで、物事を考えろ

　ワーキングプアは「プア」と言われますが、実際は飢えていないんです。これはお金に飢えていないのではなく、どうしたら自分をよくできるかという向上心に飢えていないということ。成長したいという欲望が少ない人が多いように思います。
　そのことに気づくには、静かな環境に行くのが一番いい。僕なら、数カ月分、それが無理なら1カ月分の生活費を何とか貯金して、仕事をばっさり辞めます。そうしてミニマムな生活を送ってみれば、自分に何が足りないのか鮮明にわかってきます。
　働かないと食べていけない、それを自分が安月給で働いていることの言い訳にしてはいけません。残念ながら、そういう人を救ってくれる企業はどこにもないのです。あったとしても、より飢えている人を先に雇ってしまうに決まっていますよ。中国人やインド人が強いのは、飢えているからです。肉体的にも飢えているから頭も冴えているし、しかも日本人よりずっと少ないお金で満足できる。彼らと勝負しなければならないということが、世界がフラット化することの意味です。
　「無記名の善意」（49ページ）でも述べましたが、今は国や他人に救ってもらうのではなく、**自分が自分を救うことを強制されている**時代なんですよ。

究極のエゴイストになる

> ウィンプ vs. マッチョ論争において、ウィンプを名乗る人自身は、どのような人間か。

おそらく、自分の実入りはある程度コントロールできるけど、世の現状に憤っている、しかし世の中を変えるだけの力は自分にないと思っている人でしょう。こういう人は自分のことを優しい、思いやりのある人間だと考えているようですが、僕に言わせればそれは違う。面倒なことは他人にまかせて、自分は何もせずに優しいフリをしているだけにすぎないと思います。他人に対して優しくしたいのであれば、まず自分が強くなるのが先決です。人の力で、自分が優しいフリをするなと言いたい。僕にとって、偽善者の定義はそれです。

> ⚠ **自分ができないことを他人まかせにして優しいフリをするのは偽善者**

そもそも、僕たち人間は自分以外のために何かをすることは不可能なようにできています。他人のためにやっていると思っていることも、すべて自分のためにやっているのです。自分の利益とはまったく無関係に、他人のために何かできると思い込んでいる人は、自分で自分をだましているのと同じことです。

人に感謝されたら自分がうれしい、みんなそういう利益を得ている。究極のエゴイストというのは、とても他人に優しくなるはずです。利己的の対義語は「利他的」ではなく、「自虐的」なんですよ。

> ⚠ **利己的＝利他的　⟷　自虐的**

　自分が気持ちよくなりたいなら、他人が気持ちよくなるにはどうすればいいかを考えればいいのです。人間は、他人を喜ばせて初めて満足できる生き物なんです。

> ⚠ **自分が気持ちよくなりたければ、先に他人を気持ちよくさせろ**

　そういう意味では、世の中には「利己的」でない、エゴの小さな人が多すぎる。エゴの小さい自虐的な人間は、一番自分勝手で、自分のことしか見えていない。自分が不幸だと感じるのは、不幸が好きだからです。不幸から抜け出すには、好きで不幸になっているということに気づかないといけません。

　世の中で自分の思い通りに進むことは本当に少ないけれども、ゼロではない。その事実をもう一度把握してほしい。

　そのためには、いっそあらゆることを自分のせいにしてみましょう。自分の給料が安いのも、彼女に振られたのも、太陽が東から昇って西に沈むのも、みんな自分のせいだと考えてみるのです。そう思える人は強いですよ。

　上司に理不尽に怒られたら、その場にいた自分が悪いのだと無理にでも思い込んでみる。そして、自分の行動を調整して、上司をいい人に変える方策をひそかに実行してやればいい。

⚠️ 何でも自分のせいだと考えてみろ

　知らない女の子が悲しい顔をしている時に、自分のせいだと思える人がモテます。人が損をするのを放っておけない人が、金持ちになります。

　物事を自分の望む方向に進めるには、なけなしの自分の力を最大限に使うしかない。今うまくやっているように見える人というのは、そうやって自分の力を少しずつ強めていったのです。

　他人に救ってくれと言っている人たちは、自分事なのに他人事にしているのです。ゲームで言えば自分のターンなのだから、他人にパスせずにちゃんと自分で使えということです。

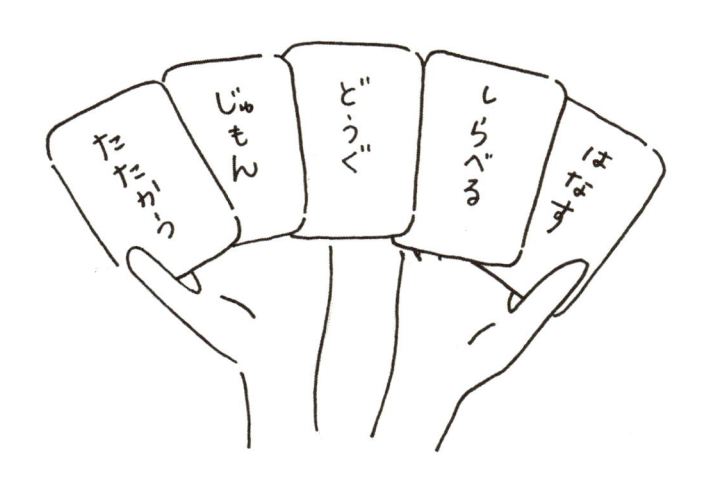

⚠️ 自分のターンは、他人にパスせず自分で使え

給料が低いのだったら、経営者が給料を上げざるをえないように考えて行動してみる。被雇用者であっても、有無を言わさず経営者を従わせる方策はいくらでもあります。例えば、顧客を味方につけてしまえばいい。雇い主よりも強い存在があるとしたら、それはお客様です。そこまでできる人は、クビだって恐くない。実際そうやってクビになったあげく、客ごと新しい会社を立ち上げたという例は枚挙に暇がありません。

　とはいっても、自分にはどうしようもないと思い込んで、せっかくの自分のターンをパスする人がいるというのはわからなくもないですが。

強さとは何か

> ワーキングプアとまではいかなくても、賃金が低い状態で育児や介護に追われている人はいる。家庭環境のせいで教育が受けられなかった人もいるだろう。

　現代の奴隷というべき人々がいるのは確かです。無理矢理日本に連れてこられてパスポートを取り上げられ、売春を強いられている人などはそれに当てはまるでしょう。彼らには、世の中にアクセスする手段自体がありません。

しかし、ワーキングプアと呼ばれる人々のほとんどは、義務教育で日本語の読み書きを学び、それを使って世の中にアクセスすることができます。世界有数の豊かな国に住み、殺される心配もほとんどない。当たり前だと思っているかもしれませんが、これはすごいことなんですよ。それに加えて、ネットにアクセスをして情報を取り入れることだってできる。少ないかもしれないけど、すでに**自分の手駒を持っている**のです。まず、自分の手駒が何かを知り、自分のターンにそれを使って強くならなくては。

⚠️ 強さには、いろいろな形があることを知ろう

　例えば、年収が300万円だったとしましょう。同じ300万円でも、それを使い切ってしまう人と貯金する人では、後者の方が強いと言えます。強さには、いろんな形があります。僕のことをマッチョだ何だと言って文句をつけてくる人は、強さを「強弱」という一次元でしか捉えられない。そういう人は、弱い以前に視野が狭いのです。
　お金を持っているというのは、確かに強さですし、一番わかりやすいものではあります。効率もいいですしね。しかし、それは無数にある強さの1つに過ぎません。

⚠️ 強くなりたかったら、自分でコントロールできるものを増やせ

　自分でコントロールできるものが多いほど、強いと言えます。残業だらけの職場できちんと定時に帰ってこられるのは、強い人です。意外かもしれませんが、「飽きっぽさ」というのも1つの強さだと僕は思っています。飽きっぽさは、物事にハマり過ぎない、罠があっ

てもすぐに抜け出すというメリットがあります。逆に物事にハマりやすい人は、とことん物事を突き詰めて、簡単には解けない問題を解いたりする。どちらも「強さ」です。正反対なのに、どちらも「強い」。

だから、自分は本当に無力かどうか誰もが問いかけてほしい。何かがあるはずです。その何かを人に見える形にできれば、人は必ず強くなれます。

> ⚠️ どんなものでも「強さ」になりえる＝誰もが強くなりえる

生きる目的は「手段」

弾言
成功する人生とバランスシートの使い方

> 長期的な目標を立てることを勧める本や人は少なくない。人生の目標や目的はどう考えるべきか。

突き詰めて言えば、人生は目標や目的ではなく、過程です。人は何のために生きるのかなんて考え始める人もいますが、そんなのは根源的なようでいて、一番アホな質問。そんなアホなことを考えるから、必要もないのに自殺する奴が出たりします。

しかし、目的や目標というのはすごく役に立ちます。目的があると過程が楽になるんですね。現在の道のりが辛い時は、それを十分に緩和できる目的があればいい。その目的は、別に壮大である必要はありません。
　スポーツにはゴールがありますが、ゴール自体が目的ではなく、ゴールまでの過程を楽しむものでしょう。よく「手段と目的を違えるな」と言いますが、むしろ「目的を手段と違えるな」と言いたい。目的を設定することは、手段です。
　目的を設定することで、視野は狭くなります。これが重要です。「目的」は、自分の視野を狭くするためにあります。

⚠️「目的」は、自分の視野を狭くするためのツール

　変な言い方になりますが、リソースが少ない人ほどよく練られた目的が必要になります。仮にお金などのリソースが十分にあっても、時間は誰にとっても平等です。人生という過程を楽しみたいなら、目的を立てるという手段なしでは難しくなります
　どの程度のスパンの目的や目標を立てるかは、人それぞれでいいでしょう。「家内安全」が目標の人もいれば、「世界平和」が目標の人もいる。その目標は、元旦の計にしてもいいし毎朝の習慣にしてもいい。しかし後者にしたって、それを3万回ほど繰り返せば一生は終わってしまいます。その程度の長さしかないんです、人生って。
　目的は視野を狭めるためにあると言いましたが、「ちょうどいい狭さ」というのは確かにあります。狭すぎればつまらない。広すぎればなかなか達成できない。このあたりは僕がとやかく言うことではありません。あなたの人生なんですから。

重要なのは、目的を立てるのは人生という手段を充実させるためにあるということ。目標未達のために切腹なんて、それこそ本末転倒です。

第1章 ブックガイド

『「残業ゼロ」の人生力』吉越浩一郎、日本能率協会マネジメント 出版情報事業

「天使のブラ」で有名なトリンプ元社長が、リタイアして「本生」に入った今改めて語る「反残業論」。成功の天使は、残業がだいっきらい。残業のおかげで日本は年間12兆円も損をしているという指摘は衝撃的だ。

『格差と希望 誰が損をしているか？』大竹文雄、筑摩書房

経済学者の大竹文雄による、日本の格差問題に関する決定的な診断書。著者は、所得格差拡大という「症状」を引き起こした「病名」とはずばり「少子高齢化」と診断し、これに対する処方箋は若者の教育、訓練しかありえないと説く。しかし、高齢者ほど教育費より福祉の充実を求めるようになり、解決は一筋縄でいかない。いずれにせよ、格差問題の本質を理解するために、押さえておくべき1冊だ。

『数に強くなる』畑村洋太郎、岩波書店

数学ではなく、「数（かず）」を自在に扱えるようになるための本。測れないモノの大きさや重さを推測する、体感基準を元にどんぶり勘定を行う、統計データを生活実感に置き換えるなど、即効性のある技が紹介されている。しかし、本書は単なる暗算テクニック集ではないし、数学の入門書でもない。人生のあらゆる局面でも役立つ、生きていく知恵を身につけるための実践書である。

『学校の勉強だけでは飯は食えない！』岡野雅行、こう書房

世界一との呼び声も少なくない金型プレス職人、岡野雅行が43の質問に答えた1冊。「やりたいことが見つからない」「周りから認めてもらえない」、そんな今時の若者を相手に、岡野節がうなる。質問形式になっているので臨場感は抜群、岡野社長が傍で話している気がしてくるほどだ。本書には従業員と奥さんの写真も登場するが、みな実にいい顔をしている。本当にいい人間は、本人だけではなくまわりもいい男女にしてしまうのだ。

『ラクをしないと成果は出ない』日垣隆、大和書房

作家・ジャーナリストの日垣隆による自己啓発書の決定版。「天才でない」著者が、いかにして平凡を究めて非凡に至ったか、その神髄を垣間見せてくれる。「好きな仕事を増やすために、好きではない仕事を毎年2割ずつ削除する」「出欠を迷うイベントには行かない」といった99のテクニックの後、最後にくるのが「大切な人は命がけで守る」。命がけで守るほどの大切な人がいない人は、啓発に値するほどの自己がまだないということでもある。

第2章 MONEY カネ

相互理解のツールとして戦略的に使いこなす

弾言 成功する人生とバランスシートの使い方

カネの誕生

弾言
成功する人生と
バランスシートの
使い方

> カネで買えないモノはあるのかないのかということがしばしば議論になる。果たして世の中にカネで買えないモノはあるのか。

当たり前ですが、カネで買えるのは、売っているものだけです。僕は今この原稿をノートパソコン上で書き、それをインターネット経由で執筆用Wiki（＊）にアップロードしていますが、30年前にはノートパソコンがなく、15年前には個人が自由に使えるインターネットがなく、10年前にはWikiがありませんでした。それ以前には、いくらお金を積んでも今のような手段で本書を書く環境を手に入れることができなかったのです。

元々、カネはモノとモノの仲立ちをするために生まれました。そして、モノをカネで手に入れたいという欲望自体が、カネで買えるモノを増やしてきたとも言えます。カネとは共同幻想なのです。リアルよりもリアルな、共同幻想。

> ⚠ **カネとは人々が生み出した共同幻想である**

昔は、今よりもはるかにカネで買えるモノは少なかったはずです。例えば、貴族のクラブには、平民がいくらカネを積んでも入ることはできませんでした。

人々が公平と平等を求めるほど、カネで買えるモノは増えていきます。カネで買えるモノが増えるということは、人々が購買行動によって自分の意思を主張できるということでもあります。つまり、カネで何でも買える社会の方が、そうでない社会よりもよい方向に変えやすいということは言えると思います。

＊　利用者が自由にページ内容を書き換えられるWebサイト。Wikiを利用した代表的なサイトに、参加型の百科事典「Wikipedia」がある。

カネは相互理解のためのツール

「人の心はカネで買える」「カネがあれば何でもできる」——こうした主張が拝金主義として世論の糾弾を受けたのは記憶に新しい。では、そのカネとはいったい何なのか。

　カネを稼ぐという行為は、自分にとってかけがえのないものを他人と交換可能な形にするということです。「かけがえのないもの」とは、時間や体験といった、「一度使ってしまったら二度と取り戻せないもの」すべてが含まれています。個々の人間は実に多様で複雑な存在ですが、複雑なままではお互いの持ち物を交換することなどできません。
　自分にとって必要なのは、リンゴいくつとチョコレートいくつ

……と考えていたら大変でしょう。カネとして計算した方がずっと楽です。カネは複雑なものをシンプルにするためのツールなのです。

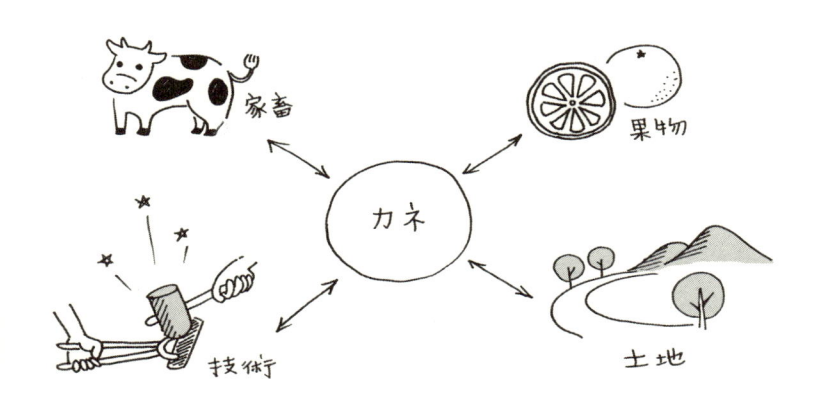

> ⚠️ **カネは、他人とのコミュニケーションをシンプルにするツール**

　相互理解のためのツールとしてカネがあるわけですから、他人と話をする際には、それをベースにすべきでしょう。よくカネの話は汚いと言われますが、カネは価値交換のためのツールであり、きれいも汚いもありません。確かに汚いやり方でカネを稼ぐ人間はいますが、そういう人がはばかる社会というのは、社会自体が貧乏なままです。

　2000年前のローマ皇帝ウェスパシアヌスは、財政健全化のため有料公衆便所を設けました。嘲笑する敵対者から有料公衆便所の廃

止を求められた時、ウェスパシアヌスは「この金が臭うか？」と言い放ちました。この話は、カネの本質を言い表しています。ちなみに、イタリアでは公衆便所のことを今でも「ウェスパシアーノ」と呼ぶそうです（笑）。この人はあのコロッセオを造らせた人でもあります。

> ⚠ 汚いカネはない。汚いカネ持ちならいるが

暴走するカネ

> バブル崩壊やサブプライムローン（＊）など、カネは現在も大きな混乱を生んでいる。

　カネは、モノとモノを交換する仲立ちとして生まれましたが、カネでカネの仲立ちをすることもできます。株式や先物、為替、各種金融商品の売買は一般人にもすっかりおなじみになりました。その結果、実際のモノとの交換を伴わないマネー経済が膨張し、今では少なく見積もっても実体経済の4倍はあると言われています。

　かつて、投資の対象はヒトかモノしかありませんでした。しかし、

現在はカネそのものへの投資が経済の大部分を占めています。貨幣経済における**究極の商品は、カネ**だったというオチになったわけです。カネの目的が、カネを手に入れることそのものになってしまいました。

カネとモノということで言えば、先物取引はまだかろうじて現実のモノとつながっています。実際にモノ自体を見ることはありませんが、取引の仕方によっては何トンもの大豆が届けられるということもありえるわけです。しかし、世界を混乱させたサブプライムローンとなると、モノとのつながりはほとんどなくなってしまいます。サブプライムローンも元々は住宅を買うためのカネです。しかし、複雑な証券化がなされた結果、取引している人間はその証券が元々住宅とリンクしていたことをまったく意識していません。人間の想像力が生み出した価値、いわばファンタジーをやり取りしているにすぎないのです。

このように**モノとのリンクが切れたカネ**、サブプライムローンのように抽象化されたカネは、時々暴走してしまいます。1990年代の日本で起こったバブルとその崩壊は、暴走するカネの典型例ですし、2008年現在におけるサブプライムローン問題もどうやらそうだったと言えそうです。実を言えば、この暴走をどうやったら止められるのかは、適切な経験則も理論的帰結も見つかっていません。バブルを止められるのか以前に、それがバブルだったのか本当の経済成長だったのかも後になってみないとわからない。

それなら、カネでカネを買う行為を規制できるかといえば、それは不可能です。そうすると、モノとカネの交換まで滞ってしまいます。モノとカネの交換に関して規制は少ないほどよいのですが、少なくするとカネ同士の取引が始まってしまう。これはジレンマです。

それでも、自分で何もかも作るのではなく、自分で作れないモノ

は人からカネで買う世の中の方が、より多くの人を幸せにしてきました。これは非常に強い経験則です。「人は死ぬ」というのと同じくらい確かと言ってもいい。昔は馬車を持てなかった平民も、今なら安価に自動車を買えるでしょう？

> ⚠ **カネでモノを買える世の中が、人々を幸せにしてきた**

＊ 米国において貸し付けられた、信用度の低い顧客（サブプライム）向けの住宅ローン。このローンは証券化され、さまざまな金融商品に組み込まれていった。住宅価格が上昇するとともにこのローンの利用者は急増。しかし、住宅バブルの崩壊とともにローンの延滞率が増加し、同時にサブプライムローンを組み込んだ金融商品も大暴落し、世界的に大混乱を巻き起こした。

自分の収支をバランスシートを使って考える

> よく働いているつもりなのに、いつも金欠という人。それは収支のバランスに問題がある。では、自分の収支を見極めるには、いったいどうすればよいのか？

　自分の収支を測るのに役立つツールが、バランスシート（貸借対照表）です。バランスシートがないと、会社にしろ個人にしろ、自分の持っているものがわかりません。

複式簿記というだけで苦手意識を持つ人もいますが、ポイントさえわかれば、簡単です。

　パソコンに詳しい人なら、メモリで例えるとわかりやすいかもしれません。パソコン上に搭載されているメモリ（実メモリ）を「資本」、ハードディスク上の仮想メモリを「負債」、総メモリ量を「資産」と考えてみるのです（＊1）。

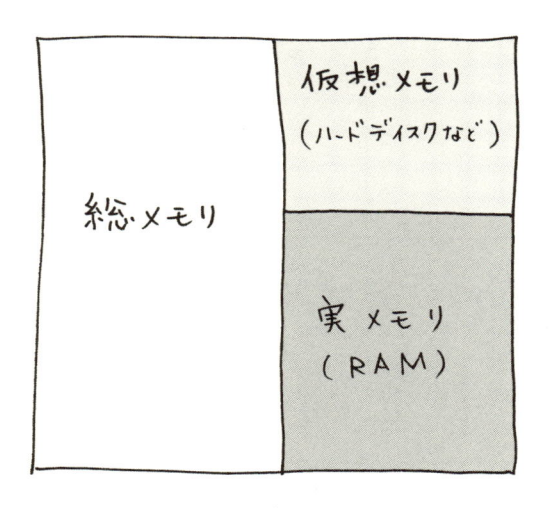

> **！ 資産（総メモリ）＝負債（仮想メモリ）＋資本（実メモリ）**

　では、資産とはいったい何でしょう？　それは、現金に限らず、自分が使えるストックの総量を指します。ストックとはある時点における「経済量」。現金（借金も含む）や預金、株、土地、家屋、

その他もろもろ、つまり、自分の手持ちのストック（資本）と借りてきたストック（負債）の合計です。

ここから、どうして借金がよくないことかがわかります。先ほど負債を仮想メモリに例えましたが、仮想メモリは実メモリより速度が遅い、要するに調達コスト（ここでは利率や時間）がかかるんですよ。

一般的なバランスシートでは、資産の部は必ずある順番に従って並んでいます。現金や預金が一番上にあって、その次に売掛金（＊2）や証券類、土地や建物が下です。

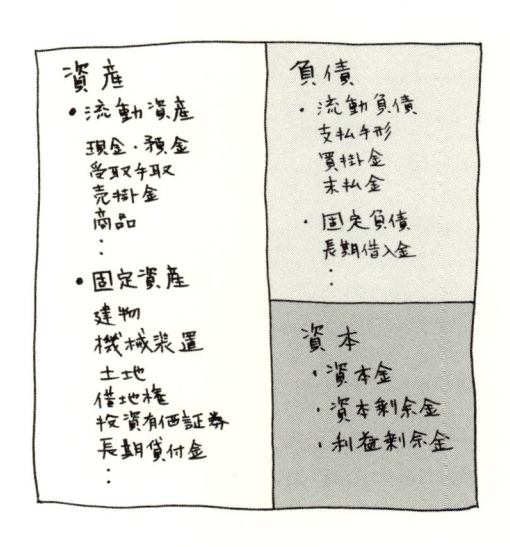

```
資産                    負債
・流動資産              ・流動負債
  現金・預金              支払手形
  受取手形                買掛金
  売掛金                  未払金
  商品
  ：                    ・固定負債
                         長期借入金
・固定資産                 ：
  建物
  機械装置              資本
  土地                  ・資本金
  借地権                ・資本剰余金
  投資有価証券          ・利益剰余金
  長期貸付金
  ：
```

順番が違っても合計は同じなら順序はどうでもいいはずなのに、実際のバランスシートは必ずそうなっています。これはなぜでしょう？

土地を現金化するのには、手間がかかります。ある日急に現金が必要になって所有している土地を1億円で売ろうとしても、すぐに1億円が入ってくるわけではないでしょう。
　現金に換えやすいかどうか、つまり流動性の高い順に資産は並べるのです。負債の方も、短期借入金（＊3）、買掛金（＊4）というように、早めに返さないといけない順に並べます。ちなみに、買掛金がありますから、負債ゼロの人も会社も実はありえません。もし負債を完全にゼロにするなら、必ず現金決済して売上サイトと支払いサイト（＊5）に時間的なズレがないようにしなければいけませんが、それは会計上ありえない話です。無借金経営の会社も、銀行からの借り入れがないということであって必ず買掛金はあります。
　さて、資産ですが、これは上にある項目の比率が高いほどよいと言えます。同じだけ資産を持つのなら現金が一番流動性が高く、必要な時にすぐ使える分、強いのです。

> **資産は、土地や物品で所有するより、現金や預金の割合が高い方がいい**

＊1　最近では、資本のことを純資産と言うようになってきているが、以下の説明では資本で統一。
＊2　売上代金のうち、まだ回収できていないもの。
＊3　企業が金融機関などから調達した資金（株式や社債を除く）のうち、返済期日が1年以内のもの。
＊4　仕入れ代金のうち、まだ支払っていないもの。
＊5　締め日から実際の支払日までの猶予期間。

バランスシートの質を見極める

弾言
成功する人生と
バランスシートの
使い方

> バランスシートで重要なのは、サイズではない。重要なのは、その質である。

　バランスシートは企業だけでなく、個人に対しても適用できます。例えば、住宅ローンを組むと、バランスシートの構造はがらりと変わります。流動性の低い資産が増え、その分が負債として乗っかってきます。資産は増えても、資産の「質」が低下するんですね。

　バランスシートで勘違いしやすいのは、資産のサイズが大きければ大きいほどいいと思ってしまうことです。サイズではなく、質が問われます。

⚠ バランスシートで重要なのは、サイズではなく質

　経営が下手な会社ほど、バランスシートは大きくなりがちです。それより、小さなバランスシートで大きな売上をあげている会社の方が優秀なのです。そして、よいバランスシートは、よい世の中を作ることにつながります。同じだけのカネをより少ないモノで生み出す方が、よい世の中ということになりますからね。

　話をわかりやすくするために、簡単なモデルを考えてみましょう。2人の人間がいて、どちらも生涯年収は3億円。1人はサラリーマ

ンで、年収 1000 万円という生活を 30 年間続けます。もう 1 人は 3 億円を相続して、あとはずっとプー。そして、どちらも 1 年間に 1000 万円使うとしましょう。

この 2 人は生涯年収が同じでも、バランスシートの大きさはまったく違います。最初の時点で、サラリーマン氏のバランスシートは 1000 万円、プー氏の方は 3 億円。プー氏はバランスシートを少しずつ小さくしていくことになりますが、サラリーマン氏の方は毎年 1000 万円入ると期待できるのでバランスシートの大きさはずっと 1000 万円のままです。

つまりこれは、定期収入が入る人ほどバランスシートは小さくてよいということを示唆しています。別の言い方をすれば、稼ぐ能力のある人は、そんなにたくさんの資産を持つ必要がないということです。稼ぐ能力がない人ほど、たくさん資産がないと不安になってしまう。

❗ 稼げる人は、大きな資産を持つ必要がない

しかし実際のところ、稼げる人は大きな資産を持つ金持ちになってしまいます。それは、カネを使わないから。ある量を超えたカネは使うのが難しくなってくるのです。誰でも高額なものほど吟味して買うでしょう。カネを使うには、**時間と頭脳というコスト**がかかるのです。そこで、ついつい金持ちは、カネを使うのを後回しにして貯めてしまう。

貧乏人は借金で、金持ちは資本で、資産を大きくしていきます。内容は違いますが、資産が増えるメカニズム自体は共通点があります。

プー氏

3億円

2億円

1000万円

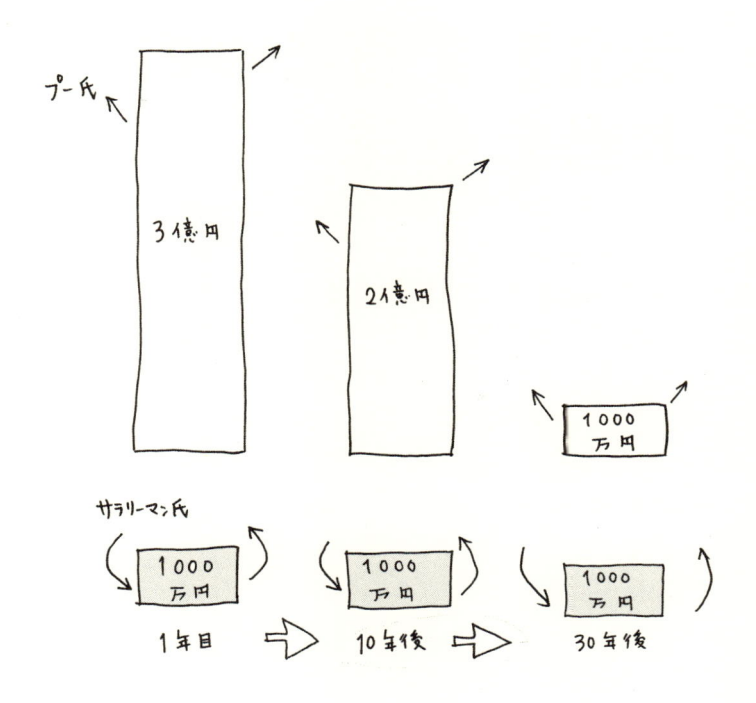

サラリーマン氏
1000万円　1000万円　1000万円
1年目 ⇒ 10年後 ⇒ 30年後

> ⚠ **貧乏でもバランスシートは大きくなる**

借金をすることの本当の意味

> たいていの人は、月々のカネの出入り（フロー）に気を取られ、自分のストックを見過ごしてしまいがちだ。

誰でも、フローはわかっています。つまり、いくらもらって、いくら払っているのかという、カネの出入りです。ところが、負債を含む資産が実際どれだけあるかというストックがわかっていないんですよ。それは、バランスシートの考え方がないから。バランスシートというのは、ストックを表すものなのです。

先に述べたように、資産は大きければいいというものではないのですが、大きければよいこともあります。それは、選択肢が増えるということ。資産があれば、単純にいろいろなモノやサービスを買えますし、第1章で述べたように今の仕事を辞めて別の仕事を探すこともできます。

⚠ 資産が大きいと、行動の選択肢が増える

借金をする人の場合は、**自分の未来を担保に入れて現在の自由を手に入れているのです**。これが、なぜ借金が恐ろしいかの理由でもあります。返済のために将来の選択肢が制約されてしまうのですから。

しかし、借金が絶対に悪ということではありません。利子はいけ

ないという人でも、借金が全面的にいけないとは言いません。それはなぜか？

よく自由はすばらしいと言いますが、完全に自由でいることは本当によいことでしょうか。自分の予定表を真っ黒にしたい人はいないでしょうが、逆に真っ白で何の予定も入っていない状態がいいという人もいないでしょう。友だちと遊びに行ったり、旅行する予定もないんですよ。まったくの白紙状態だと人間は不安になるものです。

ある程度のカネを未来から借りてくることは、かえって不安を少なくする効果もあります。住宅ローンを組んだことが働く理由になる人もいるでしょう。こういう働く理由というか、働くための言い訳があるのは、決して不幸なことではないと思います。

借金には、目標を明白にするという利点があるのです。

> **!** 働く理由を未来から借りてくるのは、必ずしも不幸ではない

また、どの程度自分の未来をきつく拘束したいのかは、人によって違いますし、人生の時期によっても変わってきます。新婚ほやほやとか子どもが小さいうちは、拘束が幸福につながります。ところが、独身や子どもが独立してからだと、拘束されるのは不幸につながるでしょう。

仕事と借金は
本質的に同じ

弾言
成功する人生と
バランスシートの
使い方

> 資産というのは、借金でも増えていく。資産だけ見ていては、
> 仕事で得たカネか借金を重ねたカネかを区別できない。

　自分の未来に拘束をかけるという一点において、仕事をするのも借金をするのもまったく同じことなんです。

　バランスシートで考えた場合、仕事も借金も資産を増やすための手段です。しかし、資産がどういう理由で増えたかは違うわけで、バランスシートの右側が変わってきます。

　仕事をして給料をもらった場合、左側には現金が、右下には資本が追加されます。

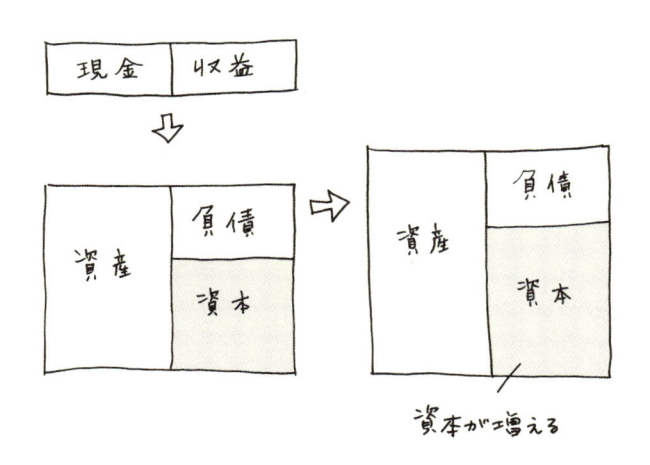

| 現金 | 収益 |

⇩

| 資産 | 負債 |
| | 資本 |

⇒

| 資産 | 負債 |
| | 資本 |

資本が増える

一方、借金の場合、左側は同じですが、右上に負債が増えます。

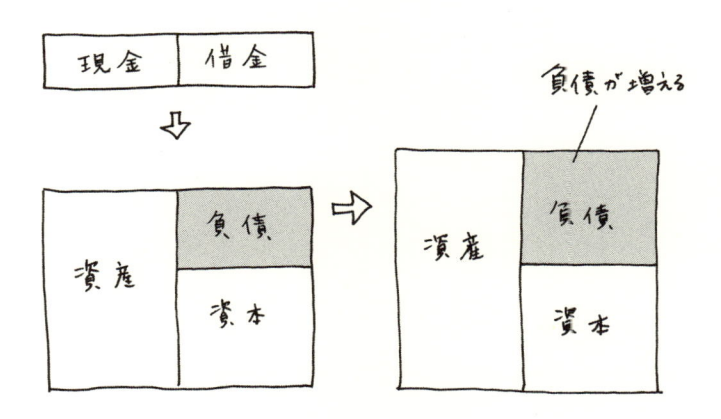

> ⚠️ **資産は、借金でも大きくなってしまう**

　資産だけを見たら、仕事も借金も同じになってしまう。だからこそ、複式簿記の考え方が重要なのです。単式簿記では、仕事と借金を区別することができません。

　われわれが仕事をする大きな理由の1つはカネをもらうためですが、借金をしてもカネは手に入ります。借金をして、その借金を返済するというのはどういうことか考えてみましょう。

　借金をした時点で、まずバランスシートは大きくなります。借金して買ったモノの価値が減らないとして（実際にはそんなことはありませんが）、ここで借金を返しました。すると、左側の資産と右上の負債が減ります。バランスシート全体の大きさは小さくなりますが、質がよくなったのです。

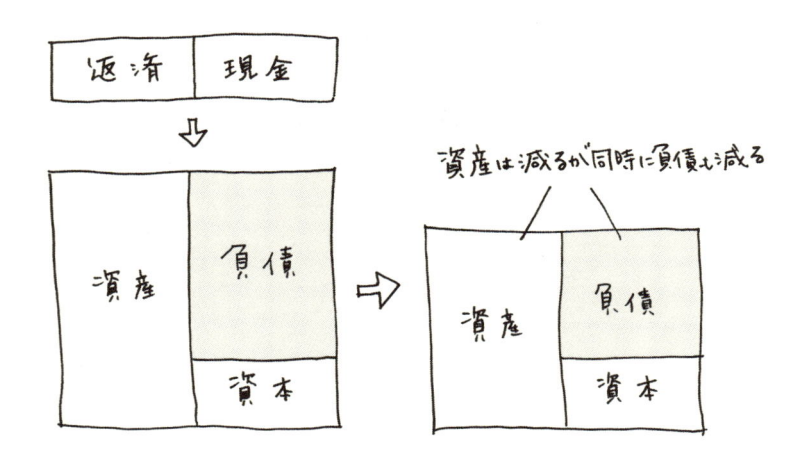

このバランスシートを会社の会計処理にだけ使わせておくのはもったいない話ですよ。月収が100万円もあって50万円しか使っていないはずなのに、なぜかいつも家計が苦しい。そんな人も、バランスシートを作ってみれば原因がすぐにわかります。きっと、どこかに大きな負債があるはずです。

⚠️ カネは、バランスシートで考える習慣をつけろ

　負債（借金）は他人と交わした約束ですから、その分重く、自分だけではコントロールしづらい要素と言えます。だから、家計でも会社でも、負債を圧縮して、身軽にしなければなりません。

会社にとっての借金

> 会社にとっての借金は、個人の場合とは少し意味合いが変わってくる。

負債は圧縮すべしと述べましたが、会社の場合は借金の意味が変わってきますから、そのことについて説明しておきましょう。

例えば、トヨタ自動車とホンダの自己資本比率は、それぞれ36.6％、36.0％です（2008年8月15日時点）。自動車に限らず、優秀な製造業はだいたいこれくらいの割合に落ち着きます。

ところが、ソーシャルネットワークのミクシィは、自己資本比率が85.7％もあります。このように自己資本比率が高いから優秀と言えるでしょうか。

もし、利益がバランスシートの大きさに比例するとしたら、利益を最も手っ取り早く大きくする方法は何でしょう？

それは、借金をすることです。

⚠ 返す当てがあるなら、負債の方が調達コストは安い

そうです。返す当てがあるのなら、借りた方が早いんです。

ある会社が商品を作っているとします。この商品はとにかく人気で、作れば作るだけ売れるとしましょう。売上が工場の能力に比例

するというわけです。

　この場合、自己資本100％で工場を1つ造るより、自己資本の倍の借金をして工場を3つ造れば生産量は3倍になります。ここで重要なのは、負債は圧縮せず、借りっぱなしにしておくということ。100万円を返したら、即座に100万円を借金するという形を取ります。利率の低い短期の借金を繰り返すことで、資金の調達コストを抑えることができます。

　社債というのは、実はこういう構造になっており、利息分だけを上乗せして債権者に支払うようになっています。信用力の高い会社ほど、社債の金利は安くなります。

⚠ 自己資本の調達コストは高くつく

　自己資本というのは、実は調達コストが高いのです。同じ100万円を調達するにしても、株を発行して買ってもらうより、借金した方が調達コストは低くなります。

　というのも、借金は必ず返すという約束をしますが、自己資本の場合は返す約束をしませんよね。返す約束をしないにもかかわらずカネを入れてくれる人がいるということは、事業が成功した時に株が高値で売れるということを期待しているわけです。これを、「リスクプレミアム」と言います。リスクが高ければ高いほど、株主は大きなリターンを期待するわけですから。

　安く借金できるというのは、会社の信用力のバロメータでもあります。もっとも、自己資本比率は低過ぎてもいけません。借金も、重ねるほどに質が下がる、すなわち利息が高くなってしまいます。

　この観点から見て、驚異的なのがソフトバンクです。自己資本比率は8.4％、6％台の時もありました。資産の9割以上が借金とい

うことになります。上場企業では考えられないレベルですよ。自己資本比率が30％を切ると、社債の金利は急激に高くなる、つまり調達コストも上がります。僕には、とてもこんな度胸はありません（笑）。こんなことが実現できているのは、ソフトバンクが大きな利益を出すと期待されているからです。カネを貸す方にしてみれば、金利を上乗せできるということを意味しています。

　逆に、自己資本比率が高過ぎるところは、現金をあまり活用していない、不要に多い会社だと株主からは見られてしまいます。ただし、サービス業の場合は、設備として持たなければならない固定資産が少なくないので、製造業に比べて自己資本比率は高くなる傾向は確かにあります。

　ちなみに、銀行の自己資本比率は他の業界よりも大幅に低くなっています。BIS規制（＊）でも、8％以上です。これは、銀行は特別に認可された商売で、預金という形で個人や企業から特別に安くカネを借りられるからなんですね。

「持たない経営」というキーワードを聞いたことをある人もいるでしょう。持たない経営というのは、利益に対する資産の割合をできるだけ小さくすることを指します。いくら持たない経営と言っても、トヨタが工場を持たないわけにはいきません。何をどれだけ持っていなければいけないかは、仕事の種類によっても変わってきます。自営業にしても、フランチャイズのコンビニエンスストアと文筆業では持っていなければいけない資産は違うでしょう。文筆業の資産は少なくて済みますが、その代わり流れるカネの量は小売業の方がずっと大きくなります。

　会社が生きていくために最も重要なのは、カネがグルグルと流れているという事実、つまりキャッシュフローです。キャッシュフローさえあれば、会社は赤字でも存続できます。逆に、キャッシュフロー

が滞ると、黒字でも倒産してしまう。

　出版業界では、ベストセラーを出しているにもかかわらず倒産してしまう「ベストセラー倒産」という現象が時々起こります。上場している出版社が少ないので正確なところはわかりませんが、書き手の立場から見ると、出版業界の商慣習には問題があると思います。出版業界の商慣習として、原稿料や印税の支払いがすごく遅いということがあります。支払サイトが遅いのは、出版社がキャッシュフローを維持するためにはよいことです。けれども、そうすると買掛金が増え、必要なバランスシートは大きくならざるをえません。未払いの印税や原稿料は、会社からすれば負債ですから。

　たまに、支払いの早い出版社もありますが、これはおそらく経営をよくわかっているのでしょう。どうせ自分のものでないカネなら、さっさと払ってしまった方がいいのです。

＊　銀行の自己資本比率に関する国際統一基準。

買掛金で資金を調達する会社の裏技

負債を使ってユニークな形で資金を調達している会社も世の中には存在する。

しかし、これを逆手に取ったユニークな会社があります。買掛金として、どかんと借金をしているのです。どこだと思いますか？

　それは、パソコン製造・販売のデルです。デルは、パソコンを組み立てるためにいろいろなサプライヤーから部品を調達していますが、現金で買っているわけではありません。この会社、負債がほとんど買掛金なんですね。買掛金というのは基本的に利息がつきません。買掛金を増やすのは、無利子で借金を増やすのと同じことになります。一方、パソコンを購入したお客からの代金は、サプライヤーに支払うずっと前に入ってきます。絶頂期にあったデルの決算はすごかったですよ。

　まあ、借金も資産のうちですが、それは借金を返す当てがあってのことです。そういう自信がないのなら、しないに越したことはありません。さっさと決済してしまうのが一番です。ただし、どんな会社あるいは個人でも、売掛、買掛という形で、わずかな期間であっても借金しているということは覚えておいてください。それが信用ということです。

⚠ どんな企業、個人もまったく借金がゼロということはない

　そうは言っても、バランスシートというのは意外とごまかしが利きやすいものでもあります。サブプライムローン問題にもそういう側面がありました。土地は流動性の低い資産だと言いましたが、REIT（不動産投資信託）などによって証券化されると、流動性が高い、すなわちお金にすぐ換えられるように見えてしまうのです。証券ならいつでも売れるとみんな考えるわけです。ところが証券化

されていても、みんなが一斉に売り出すと、だぶついて流動性が下がるため、価格も暴落してしまいます。

なぜストックが必要か

> バランスシートはできる限り小さい方がよいと言っても、ストックをゼロにすることはできない。

バランスシートというのは、要するにストックの質と量を測る道具です。それでは、なぜストックがゼロではいけないのか？

それは、カネの出入りに時間差があるからです。仮に人生のどの一瞬を取っても入ってくるカネと出て行くカネが同じなら、ストックはゼロでよいわけですが、そんなことはまずありえません。出て行くカネが、入ってくるよりも多い時だってあるでしょう。もちろんその逆も。

ストックはダムのようなものです。どれだけのフローをどれだけ安定的に確保したいかによってダムの大きさは変わってきます。安定を強く求めるほど、大きなダムが必要になります。逆に不安定でもいいなら、ダム＝ストックは小さくていい。

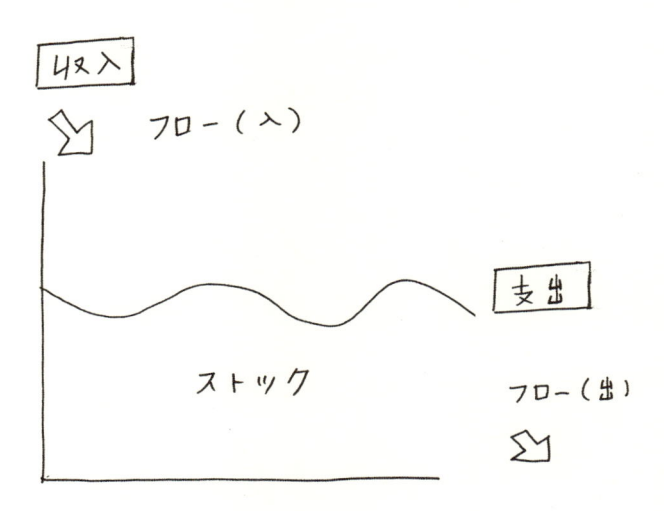

[図: 収入（フロー(入)）から入り、ストックとなり、支出（フロー(出)）として出ていく様子]

　明日から路頭に迷うとしても、1日500円で暮らせる人なら、ストックは500円まで落とし込めます。自分に最低限必要なキャッシュフロー、つまり生活費は常日頃から把握しておくのがよいでしょう。

> ⚠ **自分に必要なキャッシュフロー（生活費）を普段から把握しておけ**

　また、大きな仕事をするということは、大きなフローが必要になるということでもあります。大小にかかわらず、あらゆる仕事ではまずストックが発生し、それをフロー化していくことになります。例えば、1億円の仕事を受注したら、その時点で1億円のストックが発生したことになります。これが、発生主義ということです。

仕事を受注するのは、ストックを増やすこと。納品して代金を受け取るのは、それをフローにしていくことなのです。
　言い方を換えると、仕事を受けるというのは、受け皿となる空のバケツをぽんと用意するイメージ。そこに水を注いで一杯にすることが、仕事をするということです。

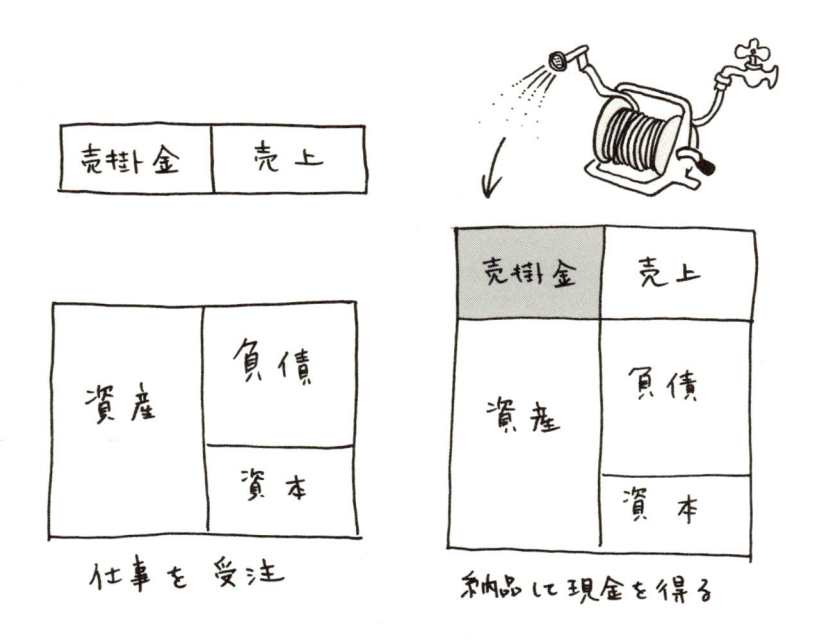

仕事を受注

納品して現金を得る

> ⚠ **仕事をする時は、ストックとフローの関係を意識せよ**

人と人を結ぶカネ

提言
——成功する人生と
バランスシートの
使い方——

> バランスシートの考え方は、収入や仕事を測るだけでなく、さまざまなことに応用できる。

人付き合いでは、「貸し借りなし」という言い方をします。これは、本当にいいことか考えてみましょう。

実は、貸し借りなしの状態というのは、関係を結ぶ必要がないということでもあります。人と人が関係を結ぶとは、貸し借りが生じることであると言ってもよいでしょう。

「赤の他人」とは、利害関係のない人のこと。金銭という形で見えているかどうかはともかくとして、何らかの付き合いがある人同士には必ず貸し借り関係（約束と言い換えてもいいでしょう）が結ばれるのです。

飯をおごった／飯をおごられた、恩に着せた／恩に着たという以外に、「また今度」というだけでも人との間に約束が生まれたことになります。

> ⚠ 人と人の間には、必ず貸し借りがある

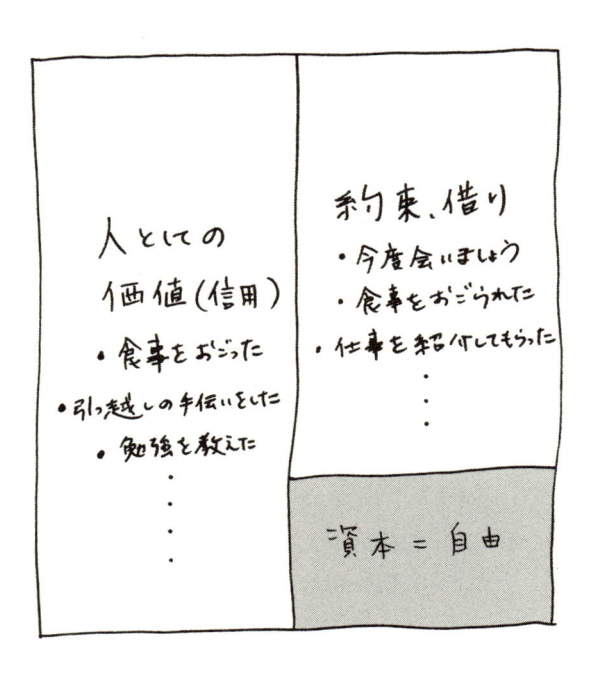

```
┌─────────────────┬──────────────────┐
│                 │  約束、借り       │
│  人としての     │ ・今度会いましょう │
│  価値（信用）   │ ・食事をおごられた │
│ ・食事をおごった │ ・仕事を紹介してもらった │
│ ・引っ越しの手伝いをした │ ・・・      │
│ ・勉強を教えた  ├──────────────────┤
│ ・・・          │  資本＝自由      │
└─────────────────┴──────────────────┘
```

　つまり、より多くの人とより強い関係を結びたいと思ったら、より大きなフロー、つまり**「約束を実現するための力」**が必要になり、そのフローを調節するためのストックも必要になる。それだけのことなんです。もっとも、人間関係の「貸し借り」は金銭ほど簡単に「見える化」できないのも事実ですが。

　無人島に流れ着いたロビンソン・クルーソーには、信用を目に見えるような形にする仕組みは必要ありません。しかし、フライデー（従僕になった原住民の1人）が現れたとたん、そこには貸し借りが発生します。

人間社会とは、貸し借りで成り立っているのです。社会のうち、その無数の貸し借りのうち、カネの力で「見える化」できた部分が市場経済だと言ってもよいでしょう。その意味で、すべてを「見える化」できない以上、市場経済は常に氷山の一角だとも言えます。

インフレはなぜ起こる？

物価というのは、基本的に上昇していくものだ。なぜ、物価は上がり続ける、つまりインフレ状態なのだろう？　それは、カネの基本原理に関係がある。

　ここで話は、突然物理に飛びます。
　目に見える光、すなわち可視光は電磁波の一種ということはご存じでしょう。現在の物理学においては、光子というゲージ粒子が、電磁力を媒介することで電磁波が生じると考えられています。ゲージ粒子とは、力を伝える粒子のことです。
　ほとんどの光子は測定できても、目には見えません。人間が実際に目で見られるのはわずかな可視光だけです。
　僕は、カネというのは人間の力を媒介するある種のゲージ粒子なのではないかと考えています。エネルギー保存則がそのまま成立しているわけではないですから、ゲージ粒子と言い切ってしまうと科

学者に怒られそうですが。

⚠️ カネは、人間の力を媒介するゲージ粒子である

　こういうアナロジーが成り立つのは、元々カネが物々交換の道具だったからでしょう。ただし、カネの法則はあくまで人間同士の約束事ですから、宇宙の法則よりは当然弱くなってしまいます。

　それでも、僕があなたのノートを1000円で買ったら、僕の財布から1000円減って、あなたの財布に1000円増えます。ゼロサムゲームというわけで、カネの保存則は、その瞬間は成立しています。「空間軸に対して等方である」と物理学者なら言うでしょうか（＊）。

　しかし、物価は上昇しますし、経済は徐々に大きくなっていきます。「時間軸に対して等方でない」というわけです。

「空間軸に対して等方、時間軸に対して非等方」。カネの保存則です。今現在、この瞬間のお金の総量は変化しません。先ほど言ったように、誰かの財布からカネが減れば、誰かの財布のカネが増えます。ところが、カネを借りると利子を払わなければいけません。この利子があるために保存則が成り立たないのでしょう。これに対して、エネルギーは時間軸に対しても空間軸に対しても等方です。宇宙に存在するエネルギー（＋質量）は増えもしなければ減りもしないのです。

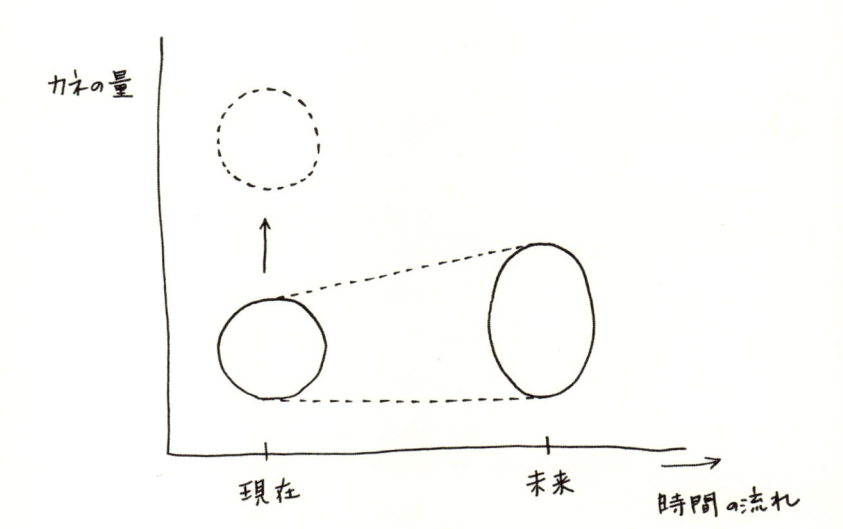

話をお金に戻します。さらに、時間が経つにつれて、モノは壊れて価値が減っていきます。そして、モノ以上に借金、つまり約束も壊れます。故意にしろそうでないにしろ、借金の踏み倒しはいつでも起こりえます。

　しかし、約束を守る人が増えれば増えるほど、借金が踏み倒される率が低いほど、インフレ（物価の上昇）は緩やかになっていきます。

　インフレ率というのは、借金の踏み倒し率＋未来への期待率と言えるかもしれません。第二次世界大戦が終わってからは、今日よりも明日、明日よりも明後日の経済の方がよくなる、そう誰もが無意識に期待しているのでしょう。

　しかし、未来に希望を持って真摯に約束をしたとしても、うまくいかないことは往々にしてあります。大きな家が欲しい、事業を興したい、そう願って大きな約束をすればするほど、約束が破られる比率は高くなるのです。

自分の未来に対してする、大きな、あるいは小さな約束の積み重ねがインフレを生んでいるのです。この世に約束がある限り、世界は基本的にインフレ傾向にあります。

> ⚠️ **世界は基本的にインフレ傾向にある**

＊　等方とは、あるものの性質が方向に依存しないことを指す。

カネは、ヒト＝ファンタジーとモノ＝リアリティでできている

> カネは、元々モノとモノを交換するために考えられたツールだ。ではなぜ、カネは実際に存在するモノの量よりもはるかに大きくなってしまうのか。

　も う少し、カネがどんどん増えていく理由について補足しておきましょう。
　例えば、ペットボトルにウーロン茶が入っているとします。ここからコップにウーロン茶を注いだら、その分だけペットボトルのウーロン茶は少なくなります。当たり前ですね。これがモノのルールであり、この宇宙の物理法則によってそうなることが定まってい

ます。

　一方、カネのルールはどうでしょう？　先に挙げた例のように、僕が1000円でノートを買ったら、その1000円は売り手のところにいきます。この時点では、カネもモノと同じように振る舞っていますね。しかし、カネの場合は、「明日は1100円にして返すから、今1000円貸して」と言うことができます。では、ウーロン茶の場合、「明日コップ1杯分のウーロン茶をおまけするから、ボトル1本分ちょうだい」と言えるでしょうか？　モノは有限ですから、そうするためにはおまけのコップ1杯分をどこかから奪ってくるしかありません。しかし、カネはモノのように物理法則の支配を受けていないから何とでもなります。カネは、あくまで人間同士が取り決めたルール。この章の冒頭で述べたように、カネは一種の共同幻想、ファンタジーなのです。

　とはいっても、「昔に比べたらモノも増えているじゃないか」と思われるかもしれません。では、どうやってモノは増えたのか？

　結局のところ、われわれはモノを自然から収奪してきたということです。例えば、穀物の生産量は時代を追うごとに増えています。これは単位面積当たりの収穫量が増えたということもありますが、基本的には農地が増えたということ。その分、自然から失われたモノがあるはずです。

　自然からモノを取り入れ、それをカネというファンタジーに結びつけて経済を循環させる。当たり前のことに思われるかもしれませんが、われわれはこのことを忘れ、経済と環境を別々の議論として捉えがちです。この流れを非常にうまく説明したのが、『「お金」崩壊』（青木秀和、集英社）のp.215に書かれている図です（次ページ参照）。エコノミストはつい下の円を忘れて、カネというファンタジーだけで物事を考えてしまいます。

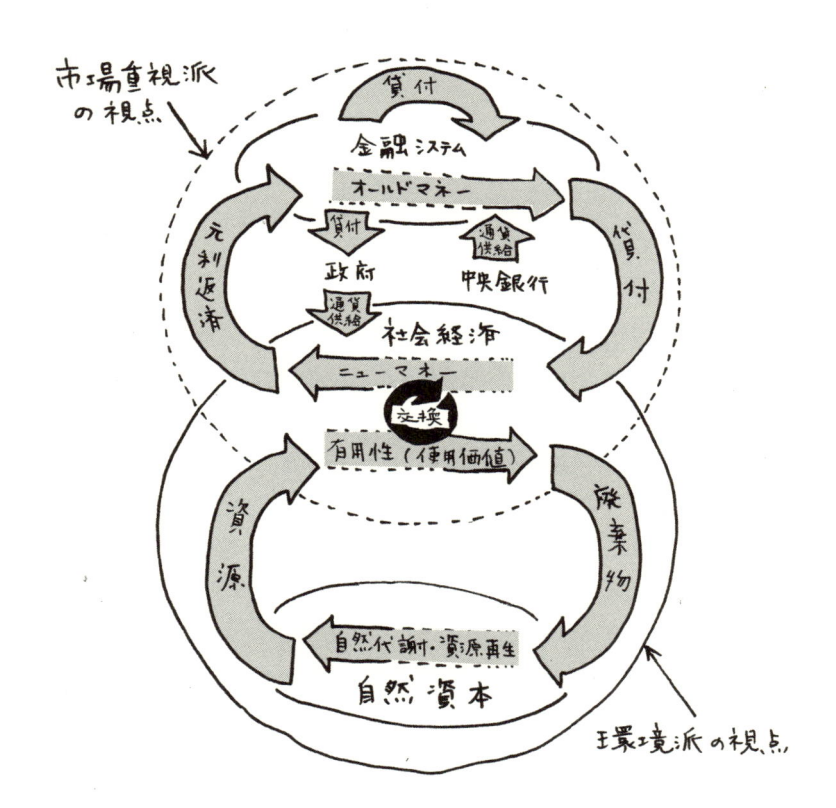

```
         ┌─貸付─┐
    市場重視派    金融システム
    の視点     オールドマネー →
      ↘   貸付↓  ↑通貨
         政府    中央銀行
        通貨↓    供給
    元利返済  社会経済        貸付
         ← ニューマネー
              ⟲交換
          有用性（使用価値）

         資源        廃棄物

              自然代謝・資源再生
                自然資本
                          環境派の視点
```

　ファンタジーとはどういうことかを別の視点から説明するならば、カネのルールは、**モノと「情報」のルールの折衷**である、ということになるでしょうか。情報（モノに対して「コト」と言ってもよいでしょう）は、物理法則には縛られません。モノを移動すると元の場所からモノは消えてしまいます。しかし、パソコンでファイ

ルの移動を行うとわかるように、情報の移動では、コピーされた後に元の情報を消去するという手順がとられます。情報＝コトは、モノと違ってコピーする方が簡単なのです。リアルやネットの世界で、噂（＝情報）が広まったら、それを打ち消すのは大変な手間がかかりますよね。

カネは、空間軸に対してはモノ、時間軸に対してはコトのルールが適用されているのです。そして、人間にとって重要なのは、モノそのものというより、モノとコトが合わさったモノゴトと言えます。

例えば、個人が利用できるパソコンが登場したことで、世界に存在するコンピュータの台数は爆発的に増加しました。では、コンピュータを作るために必要な資源（＝モノ）はかつてに比べて増えたのでしょうか？

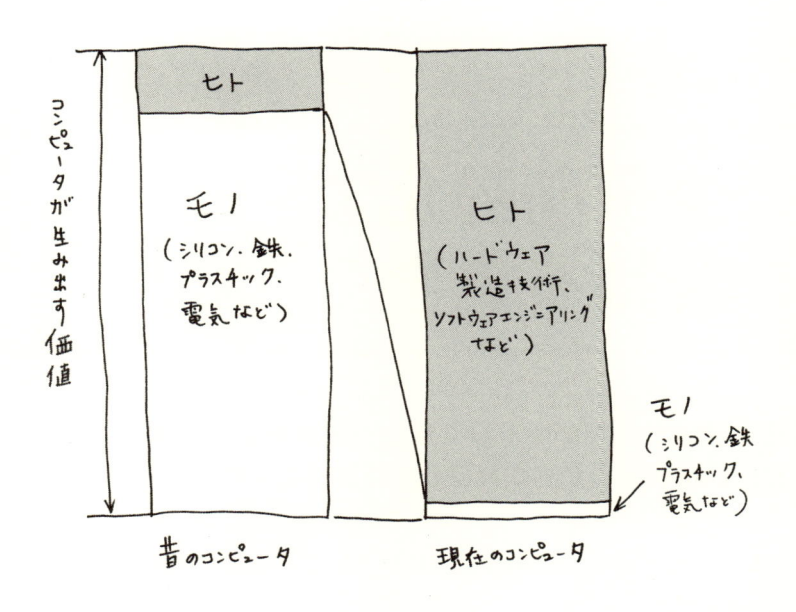

昔のコンピュータは1つの部屋を専有するほど大きかったのですが、今はそれ以上の性能を持つコンピュータが1つのチップに収まります。ヒトの知恵（＝コト）とモノが合わさることで、必要なモノが劇的に減ることはありえるのです。その他の例としてはジャンボジェットが挙げられます。ジャンボジェットが登場したことで、国際的な人の移動、物流に必要な燃料、すなわちモノが劇的に減りました。

　こうしたモノゴトの価値（＝カネ）がどんどん膨らむ一方で、その中に占めるモノの割合はどんどん小さくなっていきます。これが、実際のモノに比べて、カネが増え続けていく理由の1つでしょう。

> ⚠ **ヒトの知恵によって、必要なモノの量は減少しうる**

少子高齢化で変わる世界

弾言 成功する人生とバランスシートの使い方

> 日本では出生率が低下しており、年金制度や消費行動など、社会のあらゆる側面が見直しを迫られている。

　もし、誰もが未来の経済に期待しなくなり、長期間の約束をせず、果たせそうにない約束はしないようにしよう、そう

考えるようになったらどうなるでしょうか？　経済が縮小するということも起こりえます。

そして、それは日本において現実に起こったのです。

人口が急激に減るということは、要するに約束の総量が減るということです。単位当たりの約束が減る、約束が短期化する、日本ではこのすべてが起こりました（移民の存在がゼロではないので、正確には少子化というより、若い日本人の減少というべきでしょう）。そうは言っても日本は鎖国しているわけではありませんから、国内での約束の量が足りないなら、世界と貸し借りすることもできます。今の世界経済は緩やかなインフレ状態にあり、この傾向はしばらく続くはずです。

しかし、世界人口はいずれ頭打ちになり、世界全体が日本のような少子高齢化社会になっていく可能性もあります。僕自身は、最終的に世界人口は80億人に届かないのではないかと考えています。現在、出生率の世界平均は2.3くらいで、2.1を切るのも時間の問題だと言われています。実際の世界人口は、国連の人口予測を下回り続けているのです。

⚠ 世界人口は、まもなく減少に向かい始める

すると何が起こるか？

20世紀の成長神話が成り立たなくなります。全体の人口が減ってしまうのは人類史においても生物史においてもよくあることでしたが、歳をとった個体の数が多いままそうなるというのは未曾有の出来事です。

今までの社会は、明日の経済は今日よりも大きいだろうという期待、つまり成長バイアスがかかっていました。こういう社会では、

若者は借金をするのが得策です。ストックの少ない若者は、借金をしてストックを大きくすることにより、本来なら未来にならないと買えないモノを今日買うことができます。

ところが、老人が多くなるとどうなるでしょう。老人にストックがよどみ、若い人にはカネが行き渡らなくなる。若者は未来を前借りできなくなるのです。つまり、将来の収入を当てにした借金ができなくなるということです。

昔は、親が60代から70代で亡くなり、その遺産を40代、遅くとも50代前半の子供が相続していました。ところが今だと、親の財産を相続するのはだいたい還暦を過ぎてから。自分たちが老人になって初めて遺産を相続できる。

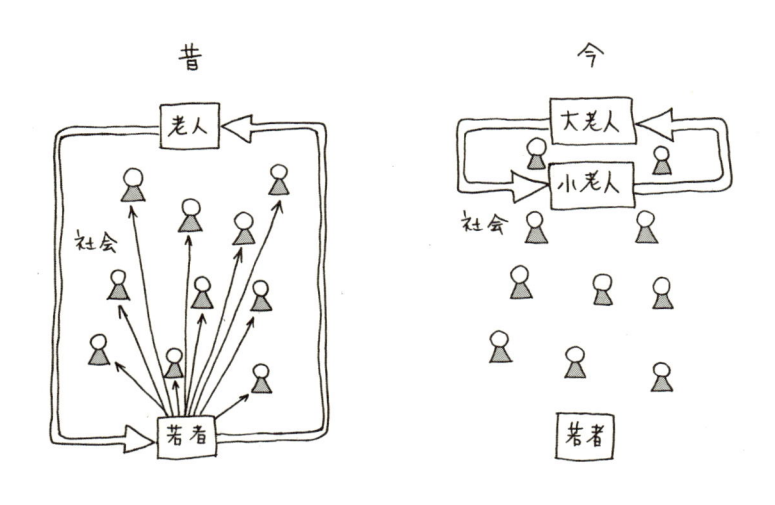

老人は根本的に消費力が低いんです。高齢者向け商品が大ヒットしたと聞いたことがありますか？　歳を取れば食も細くなります

し、モノを欲しがらなくなります。時々そうでない人もいますが（笑）。

今、一番財産を持っているのは70代の人たちで、引退したての60代ではありません。彼らはどっさりストックを残したまま死に、そのストックが別の老人に相続されてしまう。昔は、老人が死ぬと、大きなフローを必要としている若い人が相続していたのです。

日本の経済がうまく回らなくなってきた一番の理由はそれですよ。

> ⚠ 日本経済がうまく回らないのは、カネが必要な人間にカネが回らないから

よどむカネ

弾言 成功する人生とバランスシートの使い方

> 日本人の寿命が長くなったが、それに社会制度が追いついていない。カネが必要な人間にカネが回らないという問題が深刻化している。

今までの日本の年金制度は、若者がたくさんいるということを前提に設計されていました。現在は必要な人にカネが回

らない上に、数の減った若者に強制的に貸し付ける、いや、若者から搾取する仕組みはそのままになっています。

　貧富の差がいけないという道徳的な理由以上に問題なのは、一番多くのフローを生み出してくれる20〜50代の人に十分なカネが回っていないこと。経済を活性化するには、所得の再分配が必要になります。意外に思われるかもしれませんが、金持ちはあまりカネを使わないんですよ。金持ちであることの最大の罪は、カネを使わないことです。

> **⚠ 金持ちの最大の罪はカネを使わないことである**

　金持ちが貧乏人の作ったモノを買うのであればいいんですが、そうはなりにくいのが現実です。金持ちが無理矢理カネを使おうとすると、金持ち専用アイテムを買うしかない。例えば、1億円で自動車を買う場合、金持ちはフェラーリの一番高いヤツを買います。ところが、カローラを50台買ってくれた方が経済効果ははるかに大きいのです。多くの雇用が生まれますし、高度なテクノロジーが投入されます。高いフェラーリを1台作るより、安いカローラを安定して作る方が技術的にはずっと困難で、かつ社会的な意義も大きいのです。

> **⚠ 1台のフェラーリより、50台のカローラの方が経済効果は大きい**

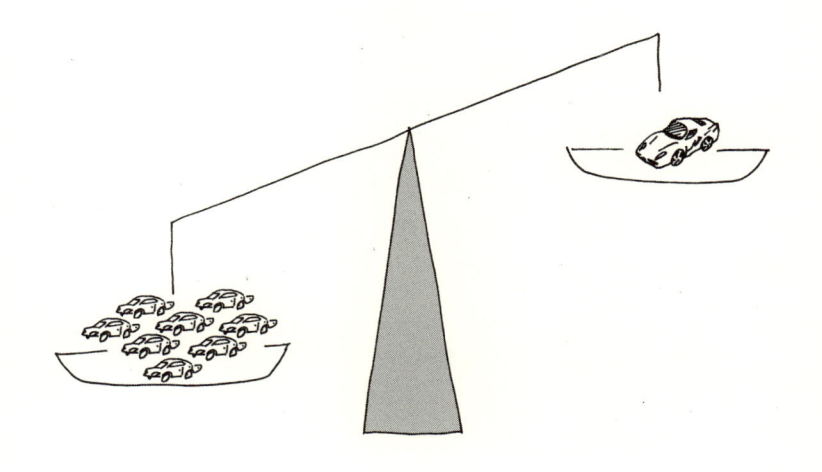

昔でも、金持ちであれば高いカネを払って自動車を買うことができました。しかし、20世紀に始まった技術革新によって、一般人でも自動車が買えるようになりました。一般人に渡るフローも増えていったということが重要なのです。今は、金持ちに渡るフローだけが増えて、彼らが使い切れない部分がストックになってしまいます。カネの総量は増えたのに、ストックの割合がものすごく増えてしまいました。ここで言うストックとは、現預金、株、土地など、費消しないものすべてを指します。

　経済を円滑に回すためには、上手にカネを使う人にカネを渡さなくてはなりません。昔は、国がそういう再配分の役割をある程度担っていました。例えば、とんでもない累進課税をかけていた代わりに、成長産業には重点的に投資を行っていたのです。現在の国にはそうした賢明さを求められなくなっています。

　その一方、金持ちが経済成長を牽引していくという考え方は根強

く存在しています。サッチャーも鄧小平も、金持ちが増えれば貧乏人にもカネを落とすだろうと考えていました。ところが、実際にそういう政策をとってみても、思った通りにはならず、金持ちの購買力を増してしまっただけでした。ただでさえ持っているカネが多いのに、カネには持っていればいるほど値切りやすくなるという性質まであります。金持ちは単に金が増えるだけではなく、1円あたりの購買力まで大きくなるのです。

⚠ 金持ちほど、モノを値切りやすくなる

　グローバル化が進んだことも値切りやすさに影響しています。今だと、日本人が給料の安さに文句をつけると、「じゃあ代わりに中国人を雇うから君はいらない」と言われてしまう。現代は、カネを持っていない人に対して、ものすごい値下げ圧力がかかっている時代です。
　僕はこうした問題についての非常に有効な解決策があると考えています。それについては、第4章でお話ししましょう。

自分の知的生産を測定する

> 社会経済生産性本部の「労働生産性の国際比較(2007年版)」によれば、日本の労働生産性（2005年）は先進7カ国で最下位、OECD加盟30カ国中第20位。特に、サービス業の労働生産性が低いという指摘がなされている。改めて、知的生産とはいったい何なのかを考えてみよう。

意思の力で何とかなることはすべて知的生産＝ヒトと言ってよいでしょう。すべてのカネに占める、非モノ的な部分はどんどん大きくなってきています。これは厳然たる事実です。例えば、ブランドという信用を乗せることで同じモノでも高く売ることができます。鉄鉱石はそのままならただの石ころと変わりませんが、鉄にすれば価値が出ますし、自動車にすればもっと価値が高くなります。本も、ただの紙の束ではなく、情報という価値を乗せて売っているわけです。

日本の生産性に関して言えば、まだ知的生産性が低いままでも許されているということでしょう。大した仕事をしていないのにお金をもらっている人がまだまだ多いということです。これでは、多くの人が知的生産性を上げようという気にならないのも当然です。

しかし、この状況は急速に変化しており、「バカに払う給料はない」のが当然になりつつあります。

第1章でも取り上げたように、ヒトとしての価値を上げなけれ

ば生き残れない時代になっています。確実に言えるのは、知的生産性を上げるために必要なコストは極小で済むということです。

> ⚠ **知的生産性はわずかなコストで向上できる**

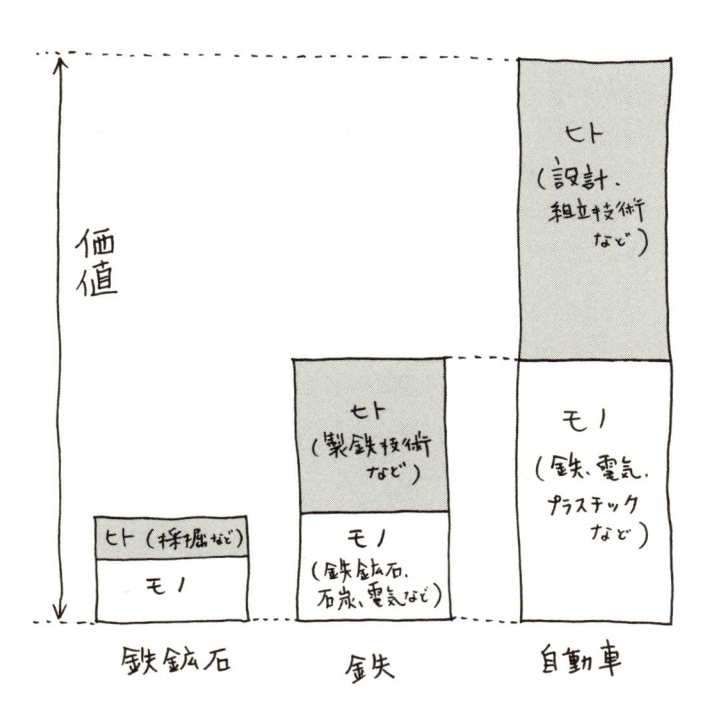

縦軸：価値

鉄鉱石：モノ、ヒト（採掘など）
鉄：モノ（鉄鉱石、石炭、電気など）、ヒト（製鉄技術など）
自動車：モノ（鉄、電気、プラスチックなど）、ヒト（設計、組立技術など）

例えば、まともな大人なら1週間も集中講義を受ければバランスシートを読めるようになります。バランスシートの考え方を日々応用して仕事をすれば、どれほど生産性が上がることか。工場を新設しなくとも生産性を大幅に上げられることすらあるのです。
　前章で「自分と対立する立場の人間になったつもりで、物事を考えろ」と言いましたが、バランスシートの考え方を理解することは、まさにそれに相当します。会社の考え方を知りたかったら、まずバランスシートの考え方を身につけなければならないのです。
　では、知的生産性は、どうやって測定すればいいのでしょうか。
　一番単純な方法は、キャッシュフローを生み出すのに**どれだけ時間を使ったか**を見ることです。製品やサービスを作っているなら、収益を納期までの時間で割ればいいでしょう。重要なのは、何でも数値化すること。無理矢理にでも数値にしてみるのです。
　たいていの人は、物事を「いい」か「悪い」か、つまり「定性的」にしか捉えていません。そうではなく、「定量的」に考えてみる。いい悪いではなく、ナンボで考える。

> ⚠ **「いいか悪いか」ではなく、「ナンボ」で考える習慣をつけろ**

　定量的に考えるだけで、知的生産性は簡単に向上します。
　とは言っても、定量的に考える習慣をつけるのはなかなか難しい。だからこそ、頭を使ってチャレンジする価値があります。
　科学の力が宗教の力を上回るようになってきたのは、科学が定量的な見方をベースにしているからです。方程式に数字を入れれば、モデルが現実に即しているのか誰でも検証できる。ご利益が見えやすいんです。

岡田斗司夫氏は『いつまでもデブと思うなよ』(新潮社)の中で、「レコーディングダイエット」を提唱しました。人間はおそろしいものです。自分が食べているものを定量的に記録するだけで、実際に痩せてしまうんですから。あれはウソじゃないですよ。詐欺じゃないかと思うくらい効果がある。

　でも、こんな子どもだまし程度のこともみんなやっていないんです。だから、自分を詐欺にかけるつもりで、定量化をやってみたらいい。

自分の「棚卸し」をしてみよう

弾言　成功する人生とバランスシートの使い方

> 現代社会には、モノや情報が満ち溢れている。その中でどうすれば自分にとっての最適解を導き出せるのか。

　生き方の**最適解**は、個人ごとに違ってきます。自分の居場所を入力したら最適解が出てくる方程式はありえるかもしれませんが、パラメータは各人で違うでしょう。札幌にいる人と福岡にいる人では全然違う答えになるはずです。その事実を受け入れなければなりません。

　どうすればいいですかというのは、究極の愚問です。「あなた」のことを知らない僕が「あなた」の人生について正しい答えを出せ

ますか?
　まず、第1章で述べたように、自身についても質のよいデータを集めましょう。ダメなのは、日本人とか、何々業界とか、まとめて考えようとすることです。きちんと自分について個別に考えてみること。

⚠️ 自分にとって質のよい情報を集めろ

　自分に値段をつけたら、いったいいくらになるのか考えてみましょう。年収や資産、借金、知り合いから見たらどんな価値を持っているのか。やってみると、本当にいろんなことがわかるはずです。
　たいていの人は、自分のバランスシートのサイズも知らないし、自分が何を持っているのかも知りません。多くの人間がなぜモノに執着するのかと言えば、自分が何を持っているのかを知らないからですよ。
　自分が何を持っているのかをきちんと知れば、不思議なことに無理な消費行動はしなくなります。体のダイエットだけでなく、自分の人生もダイエットしてみるべきです。
　そのためには、家計をバランスシートで把握することも有効です。あえて自分をカネ化してみましょう。自分は、どれだけのキャッシュフローを生み出す力があるか、どれだけのストックを持っているか。

⚠️ 資産のバランスシートを作れ

　自分や家族の健康状態も把握しましょう。1年間にどれくらい病気になっているのか。それによってどれくらいのカネが失われているのか、なぜ病気になるのか。また、友人や親族、取引先などとど

ういう人間関係を築いているのか。

> ⚠️ 健康状態、普段の食事、持っているスキル、人間関係など、自分について思いつくことを書き出せ

- 年収
- 資産
- 負債
- 友人の数
- コミュニケーション能力
- 健康
- 体力
- 容姿
- モテ度
- 仕事をしている時間
- 余暇の時間
- ・
- ・
- ・
- ・
- ・

- 勉強時間
- 睡眠時間
- 読書量
- テレビを見ている時間
- ネットサーフィンしている時間
- 持っているスキル、資格
- 好きなジャンル/嫌いなジャンル
- 得意分野/苦手分野
- 語学力
- 食事の回数、献立
- 好きな/嫌いな食べ物
- ・
- ・
- ・
- ・
- ・

こういうことをきちんと知っているだけで、できることはずいぶん変わってきます。自分の手札を知っておくのは重要ですよ。それを知っていれば、足りない手札もわかってきます。
　どうしても足りない要素は、カネで買えばよいのです。料理ができなければ出前を取ればいい。掃除ができなければハウスキーパーを呼べばいい。ちょっと探せば、たいていのことは、それをやってくれる代理人が存在します。今の世の中では、すべてを自分で作ることがよいことではありません。「人任せ」にできることがあるから、人任せにできることがどんどん増えてから、世の中が住みやすくなったのです。

> ⚠ **自分が持っていないスキルやモノは、誰かから買えばいい**

自分が属する
業界構造を理解する

> 製造業中心からサービス産業へと、日本の産業構造は大きく転換してきた。

自分の棚卸しをする上で、もう1つ知っておきたいデータがあります。

　ほとんどの人は、カネを得るための「なりわい」を持っていると思います。そこで、自分が属している業界の大まかな構造を知っておくようにしましょう。各業界によって多少の違いはありますが、業界構造の変化に関しては大まかな傾向が見て取れます。

　従来、ほとんどの業界が出すアウトプットは積み上げ式でした。つまり、業界に属する人間の力を合計したものがその業界のアウトプットだったのです。業界の人口が多いほど業界全体の力が強くなるというのが、これまでの産業でした。製造業の場合は、いくら優れた生産ノウハウを持っていてもそれを実行できる人間の数が十分でないと事業が回っていきませんから、今でもこちらのタイプに近いと言えます。

> ⚠️ **従来：業界のアウトプット＝Σ（業界に属する人間）**（＊）

　現在では多くの業界においてこうした構造が成り立たなくなっています。では、どうなったか。

> ⚠️ **現在：業界のアウトプット＝ max（業界に属する人間）**

　つまり、一番能力がある人の力、イコール業界の能力であり、アウトプットです。いわゆる知的産業、サービス業は、このような業界構造になっています。

　注意してほしいのは、トップの会社ではなくトップの「個人」だ

ということ。これが、「Winner takes all.」（勝者の総取り）という言葉の本当の意味です。

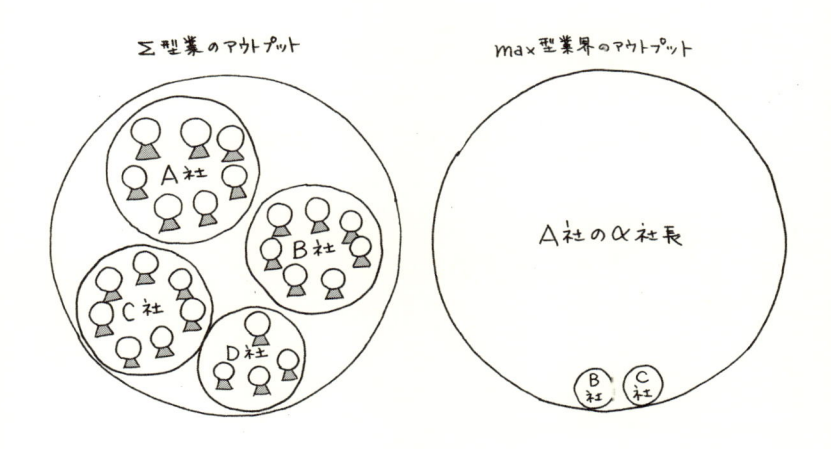

Σ型業のアウトプット ／ *max型業界のアウトプット*

（図：左＝Σ型業のアウトプット、A社・B社・C社・D社それぞれに複数の人がいる。右＝max型業界のアウトプット、A社のα社長が大きく描かれ、下にB社・C社が小さく描かれている）

　みんなが力を持ち寄るのではなく、トーナメント戦を勝ち抜いた人だけが製品やサービスを世に送り出せる。市場で製品が競争するのではなく、製品を市場に出すために競争しないといけない。こうした構造が最も端的に表れているのは、科学の分野のように発明や発見のウェイトが高い業界でしょう。これらの業界では、本当にたった1人が業界全体の価値を決めてしまいます。iPS細胞しかり、青色LEDしかりです。「Winner takes all.」どころか、「Winner is all.」と言っても過言ではありません。
　こういう世界での競争は、これまでの市場での競争とはまったく意味が変わってきます。勝者はたった1人、あとは全員敗者。収入はゼロ、もしくはせいぜい参加賞しか手に入らない。
　実を言えば、Σ型の産業であっても、市場への参加資格を得る

過程で「Winner takes all.」型のゲームになっているものもあります。航空産業がそうでしょう。今や大型ジェット旅客機を造れるのは、エアバス社とボーイング社の2社しか存在しません。いったんそこに入ればΣ型で分け前が貰えますが、そこに入るのがmax型なのです（参加のハードルが非常に高い）。

自分が属している業界では、どういうゲームのルールになっているのか、現在の勝者はいったい誰なのか。見極めておく必要があります。

> ⚠ **自分が属する業界のルールがどうなっているかを知っておく**

max型の業界における競争は、極めて過酷です。しかし、従来型の構造を持った製造業などですら、雇用できるのは、先進国ならばせいぜい4人に1人。ほとんどの人間は、max型の業界に属さざるをえないのが現実です。

＊　Σの記号は総和を表す。

自分が勝てる
ゲームを作る

弾言 成功する人生とバランスシートの使い方

> 過酷な現代の競争において、勝者になることは限りなく難しい。

　一部の限られた勝者だけがすべてのカネを手にするというなら、ゲームに勝つにはゲームそのものを作ることが必要になります。現代において、勝者の数を増やすにはゲームの種類を増やすしかありません。

　それでも、すべての人が勝者になれるわけではないという意見はあるでしょう。

　しかし、本当にそうでしょうか？　最近、僕はすべての人間が勝者になれる世界はありえると考えるようになりました。そして、世の中はそういう方向に行くべきです。60億人を勝者にするには、ゲームの種類はたった60億種類でいいんですよ。「60億が多い」なんて言ったら、60兆の自分の細胞に笑われちゃいます。

　それは、起業というレベルの話でなくともいい。自分の強みを生かして生きる方策を見つけるということです。それは必ずしもカネを稼ぐ行為とは限らず、**自分が中心となったネットワーク**、いわば「俺組」を構築することだとも言えるかもしれません。例えば、SNS内にユニークなコミュニティを立ち上げて自分がハブ（中心）になるということでもいいでしょう。

　自分の強みというのは、はたから見たらとんでもなくくだらない

ことかもしれません。オランダのYde van Deutekomという学生は、自分の寝ている姿をインターネット上に公開し、広告収入を得る仕組みを作りました（http://sleepingrich.com/）。彼の強みは、「寝るのが人より好き」ということだったのです。自分が絶対に勝てるゲームを作ったわけですね。どこに行っても勝てないのなら、勝てるゲームを1つ作ればいい。

「ドラえもん」がやってくる前、「のび太」の未来は、どこにも就職できなくて自分で会社を興すというものでした。その考え方は間違っていません。

では、自分が勝てるゲームとは何か。それは考えない限り見つかりません。自分は何ができて何ができないのか、客はどこから呼ぶのか。ゲームを作るなら、自分が勝てるだけでなく、客も楽しめるものにする必要があります。

それを考えて実行するのは、「仕事」と呼ぶに値しませんか？今後、「考える」とはそういうことを指す言葉になっていくはずです。

> **！「考える」とは、自分が勝てるゲームを作ること**

もちろん、既存のゲームで勝ち上がるのも1つの方法です。サッカーのように、世界中に何億人ものファンがいるゲームもなくなりはしませんし、そこで勝負できるだけの能力があるならチャレンジすべきでしょう。しかし、サッカーもあればあやとりもあるのが、この世なのです。

自分が勝てない分野なら、観客としてゲームに付き合えばいいんですよ。プロ野球ファンがプロと勝負して負けても敗北感は感じないでしょう。ほとんどのゲームにおいて、われわれはプレイヤーではなく、オーディエンスでよいのです。

⚠️ 自分が勝てないゲームには、観客として参加すればいい

　こういう世界においては、全員の勝率が下がります。今までの世界なら1勝3敗で済んでいたのが、1勝1000敗とか1万敗になってしまう。でも、ごくたまに勝てばいいんです。この世界で、1回でも勝てるのはすごいこと。

　要は、「Winner takes all.」（勝者総取り）であっても、「Loser loses nothing.」（敗者が何も失わない）の世界ならOKということです。勝負に負けても、人生に負けなければいい。客がこなくなったら、それで店じまいでいいじゃないですか。

　例えば、僕がパソコンの製造業に参加したくても、入る資格はありません。その意味では、最初から勝負に負けている。でも、全然悔しくありません。パソコンが欲しければ、買えばいいだけです。で、買う時には、**勝者に「マケ」させる**（笑）。勝者からなるべく安価にモノが買えればそれでいいでしょう。「俺が欲しいモノをお前に作らせてやっている」くらいの気持ちでいればよいのです。

　なぜこういうことが言えるのかというと、今はモノを十分に作れる「Economy of abundance」（潤沢経済）の世界になったからです。かつての経済学は希少なモノを使うことを前提にしていたのですが、この大前提が根本的に変わりつつあります。「Winner takes all.」と言いますが、勝者が作っている製品やサービスはなくても生きるのに困らないモノばかりでしょう。

　これから目指すべきは、人のゲームで勝つのではなく、自分のゲームを作ること。世の中の流れは、明らかにそちらに向かっています。僕は、ベーシックインカム（第4章参照）がこの流れを加速すると考えています。

第2章 ブックガイド

『国語 算数 理科 しごと —— 子どもと話そう「働くことの意味と価値」』
岩谷誠治、日本経済新聞出版社

お父さんが娘に「仕事」とは何かを教えるという設定で書かれた本。お父さんは、仕事とは約束を守ることであり、それを実現するために考えられた仕組みが会計なのだと語る。本書はわずか150ページ、イラストも豊富に掲載されていて、一見子ども向けの学習書の体を取っているが、内容の密度はすさまじい。バランスシートの意義や、損益計算書との関係性がこれ以上にないほど明解に描かれている。会計を理解するためにまず読みたい1冊。

『会計のルールはこの3つしかない』石川淳一・松本武洋、洋泉社

コロンブス、イザベラ女王、越後屋といった面々によるコメディを通じて、会計の基礎を学べる本。コロンブスのビジネスが拡大していく上で直面する課題を解決していくうちに、カネを管理するためになぜ現金出納帳だけではダメなのか、減価償却の意味といった会計の原理が自然と身につく構成になっている。『国語 算数 理科 しごと』で会計の基本概念を理解してから本書に取り組めば、簿記の参考書もすんなり頭に入ってくるはずだ。

『統計数字を疑う なぜ実感とズレるのか?』門倉貴史、光文社

各種機関が発表する統計データは、社会の動きを把握するための重要なツールだ。しかし、統計データには、巧妙なごまかしや独特のクセが含まれているのも事実。本書では、「有効求人倍率」や「冬ソナの経済効果」などを題材に、数々の統計手法が持つ意味、留意点を詳細に解説している。通説として信じられている事象も、統計を理解して解釈し直すことによって、まったく別の側面が見えてくる。

『日本経済図説 第三版』宮崎勇・本庄真、岩波書店

日本の経済状況を理解するために欠かせないリファレンス本。国土の利用状況から、産業構造の変化、国際収支、国民生活まで、多岐にわたるテーマについてコンパクトに解説がつけられている。中でも秀逸なのが国富について解説したくだり。日米の国民総資産がどのような構成になっているのかを明らかにしており、これを元にすればバランスシートの考え方で国の経済を捉えられる。

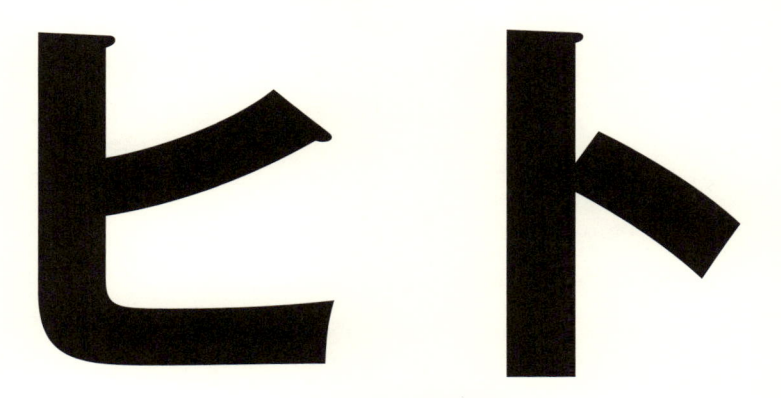

第3章
PEOPLE
ヒト

part2
ネットワークにおける自分の価値をアップする

弾言
成功する人生とバランスシートの使い方

コネの価値は
いくら？

弾言
成功する人生と
バランスシートの使い方

第1章のテーマは、個人としての「ヒト」の価値をいかに高めるかだった。しかし、人間はその名の通り、「人間」（じんかん）に生きる存在。1人の人間であっても、家庭や会社、学校、趣味のサークル、近所付き合いと、さまざまなネットワークに属している。では、集団におけるヒトの価値とは何だろう？

「ヒトの価値」と一口に言いますが、現代においては、人間同士がつながっていることにこそ価値があります。わかりやすく言えば、「コネの価値」ということです。社会が持つ価値のほとんどはコネという形でプールされていると言ってもいいでしょう。

では、コネの価値はどう測ればいいか？

仮に、何のつながりもない人間が2人いたとします。彼らが友人同士になることで何らかの社会的な価値が生まれるとしたら、それこそがコネの価値だと言えるでしょう。2人が友人同士になることで、新しいビジネスのアイデアが生まれることもあるでしょうし、趣味の話で盛り上がるかもしれません。

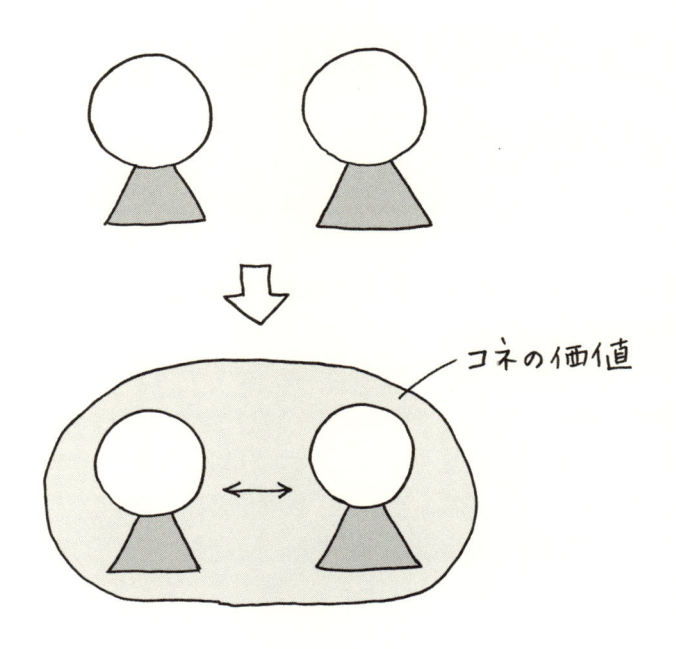

コネの価値

> ⚠ コネの価値＝集団が生み出す価値−Σ（個人の価値）（＊）

　現代において、人間が明確に個人として持っていられる価値などたかが知れています。所有権を主張できる「モノ」は、個人としての価値と言えるかもしれませんね。しかし、「俺は車を5台持っている」と言う人がいても、それ自体に大した価値はないでしょう。所有権で明確化できる価値というのは、世の中に存在するさまざまな価値のほんの一部でしかないのです。

＊　Σの記号は総和を表す。

コネを「見える化」するのが会社

> 個人が持っているさまざまな価値。会社はその価値をカネに変えるための仕組みと言える。

　会社というのは、「コネ」という目に見えないヒトの価値を「カネ」として見えるようにする仕組みです。バラバラな個人をいかにつなげて利益にするか、それが会社の組織論と言えます。

　テレビ局の社員は無駄に高給を取っている、という意見がありますよね。それもコネという観点から説明できます。つまり、彼らが会社に属していないとしたらどれくらいの価値が出るのか考えてみたらいいんですよ。なぜ無駄に高給と言われるかと言えば、コネの部分を除いたら、あまり仕事をしてくれなさそうでしょ。ディーラーの中にはものすごい高給をもらっている人がいますが、別に彼らはテレビ局の社員ほど非難されたりはしません。それは、ディーラーの価値が組織の価値ではないからです。

　ちなみに、ここで言いたいのは、テレビ局の社員とディーラーとどっちが偉いかということではありません。このような状況を見て、それをどう判断するか、どう行動するかはあなたの自由です。テレビ局が持つコネの価値は高そうだから自分も入ろうと考えるのも1つの選択肢です。逆に、テレビ局が持つコネは不当な利益をむさぼっているから、自分ならよい競合になれると考えるのも「あり」です。いずれにしても、高給取りをひがんでいるだけでは何も始まりませ

ん。ただし、**その場所にいるというだけで、得をするケースもある**という現実は知っておいた方がいいでしょう。それを言えば、日本に生まれたという事実だけでも相当な幸運といえます。運にはいいも悪いもなく、それをどう受け止めるかが重要です。

> ⚠ いい運も悪い運もない。すべては受け止め方である

バラバラな個人の集団にすぎなかったオン・ザ・エッヂ

2000年5月、小飼弾はオン・ザ・エッヂ（現在のライブドア）の取締役最高技術責任者（CTO）に就任する。当時、オン・ザ・エッヂは上場に向けた社内体制の整備が急務となっていた。

個人がつながることによって、ヒトの価値を高めた具体例を紹介しましょう。先ほども述べたように、会社の価値は社員同士のつながりの中にあります。オン・ザ・エッヂで僕がやったのは、**社員同士をきちんとつなげた、そして社員が増えてもつながりが切れない仕組みを作った**ということです。

CTOに就任した当時、オン・ザ・エッヂの社員数は30人程度で

した。会社としてWeb制作などの仕事を受けていたわけですが、実体は個人の寄せ集めにすぎませんでした。はっきり言えば、請求書のすべての宛名がとりあえず「オン・ザ・エッヂ」になっているだけだったのです。社員の技術レベルはバラバラ、勤怠管理もいい加減、品質管理もなされていませんでした。

　なぜ、こういう管理をきちんとしなければいけないか？

　それは、給料を払わないといけないからです。給料がきちんと個々人の成果を反映していないと誰も仕事をしません。仮に均等に支払ったら、あまり働かない人をえこひいきすることになってしまいます。

> ⚠ 勤怠管理を行うのは、公正に給料を払うためである

日報を書くことを義務づける

弾言
成功する人生とバランスシートの使い方

オン・ザ・エッヂにおいて、小飼弾が最初に取り組んだのは、社員に日報を書かせることだった。

どの会社にとっても重要なのは、社員間のコミュニケーションの仕組みを作ることです。今、誰が何をやっているのか、きちんと目に見える形にすることが欠かせません。

そのために、僕が行ったのは、社員全員に日報を書かせることでした。タイムカードが馴染む会社でもありませんでしたから、メールで。日報の内容は、勤怠時間のほか、自分が現在担当している具体的な業務内容など。ただし、提出先は上司ではなく、部署のメーリングリストです。単純なことですが、こうすることでお互い何をやっているのかがわかるようになります。

⚠ 部署内の人間で日報を共有せよ

実は、ITを積極的に導入しているところほど、社員のつながりがなくなっていってしまいます。ITを使っていなければ、社内を飛び交う声の調子や雰囲気で、誰の手が空いている、こいつは暇といったことがわかるものです。しかし、ITの場合は、メールやIMのやり取りだけで用が済んでしまい、当事者以外には誰が何をやっているかわかりません。放っておくとどこまでも各人が孤立化してしまいます。

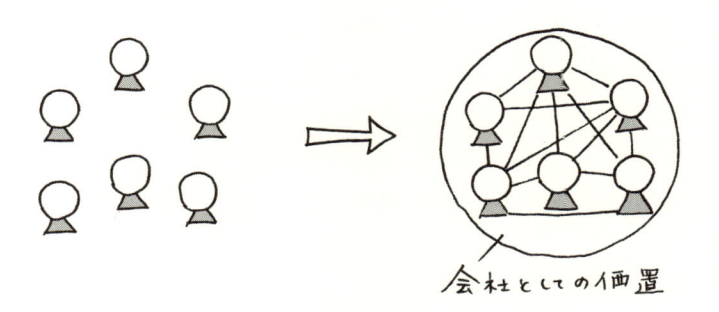

会社としての価値

日報を書くようにしただけで、社内の雰囲気は見違えるように変わりました。コミュニケーションの仕組み自体はデジタルでもいいと思います。実際、オン・ザ・エッヂでは朝礼のような制度を作りませんでした。もっとも仕組みが円滑に動くようになるまでは、口でもガミガミ文句を言うことになるわけですが。

適切なサイズの仕事をする

弾言 成功する人生とバランスシートの使い方

> 社内体制の整ってきたオン・ザ・エッヂは、次々と大きな案件をこなし、急成長していく。成長の原動力となったのは何か?

　社内でコミュニケーションがとれて体制が整ってくると、より大きな仕事をこなせるようになります。そこで間髪入れずに、仕事の案件を入れます。当然のことながら、組織を作るだけでは人間は動きません。

　当時、受注していた仕事の多くは、Web制作です。Web制作とは言っても、ページのデザインをしてHTMLを書くだけでなく、掲示板などの機能を備えたサイトの構築です。最初のうちは、OEM元として他社名でサービスを作っていましたが、徐々に自社サービスの割合を増やしていきました。

仕事を受ける場合には、社員が成長できる案件かどうかをよく吟味したものです。

　プログラミング言語の Ruby を開発したまつもとゆきひろ（Matz）氏は、梅田望夫氏との対談で「ほとんどの人は、適切な大きさと複雑さを持ったいい問題を探しているんですよ」（＊）とおっしゃっていますが、まさにその通りだと思います。

　当時の僕の役割は、社員にとって**適切なサイズの仕事**を受注し、そうでない仕事はお断りすることでした。

　適切なサイズの仕事は、社員が持つ現在のキャパシティから判断します。100％以下だとできて当然だから、やってもつまらないし、成長しない。200％だと無理し過ぎてつぶれてしまう。妥当なところで、120％というところでしょうか。

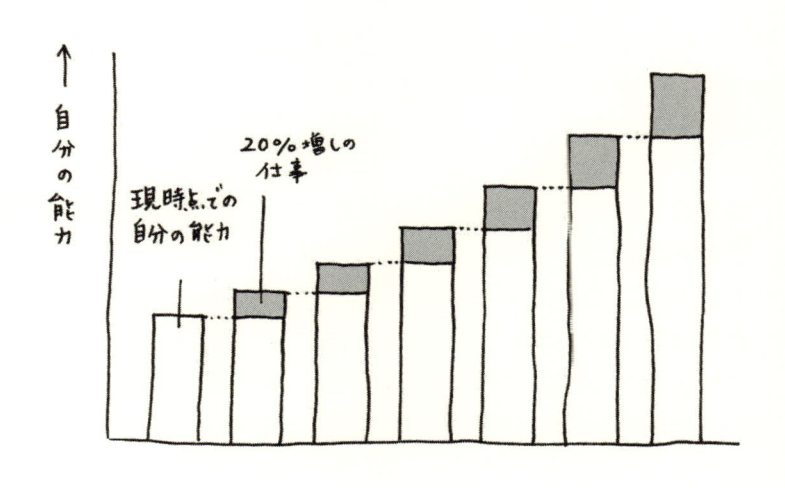

> ⚠️ **成長したければ、今の自分の能力＋20％の仕事をしろ**

「ちょっと無理かもしれないけど、背伸びすれば何とかできるかな」というレベルが目安です。やり遂げた後は、今までの「無理」はもはや無理でなくなっているんですよ。

＊ http://www.shinchosha.co.jp/foresight/web_kikaku/u138.html

伸びる社員と伸びない社員は何が違う？

小飼弾の入社時に約30人だったオン・ザ・エッヂの社員数は順調に増加し、2001年には100人を超えるまでになっていた。しかし、入社当時にいた30人の社員すべてがそのままオン・ザ・エッヂに残ったわけではない。30人のうちの半分は、2001年までにオン・ザ・エッヂを退職している。

元からいたオン・ザ・エッヂ制作部門のうち、半数は僕が辞めさせたと言えるかもしれません。当時のオン・ザ・エッヂは急成長しており、そのスピードについてこられない人には辞め

てもらうしかなかったのです。

　辞めてもらった人は必ずしもその時点でのスキルが低かったわけではありません。しかし、明日のオン・ザ・エッヂは今日とは違うという状況の中、置いてけぼりを食らうのが確実な人たちであったと思います。

　僕が見るところ、そういう人たちに欠けていたのは、勉強力というか、学習意欲です。例えば、オン・ザ・エッヂでは週1回、Techミーティングという社内勉強会を開いていました。この勉強会への参加は任意ですが、伸びる人間はどんなに忙しくても出席していました。僕自身も、出張が入らない限り出るようにしていましたよ。

　このTechミーティングは僕の入社前から行われていたものですが、会社においてこういう勉強会は絶対に必要です。オン・ザ・エッヂの社内体制はまったく整っていませんでしたが、伸びる「芽」はあったということでしょう。

> **!** 社内外の勉強会に参加して、どん欲に知識を取り込め

報告書を提出するまでが仕事

弾言 成功する人生とバランスシートの使い方

> 業務記録は、社内的な管理のためだけにつけるのではない。会社を成長させるためにこそ、記録を活用するべきなのだ。

学習意欲に欠けるように見える人間は、日報もきちんと書いていないことが多かったですね。

僕が社員に口を酸っぱくして説いていたのは、「報告書を出すまでが仕事だ」ということです。徹夜しようが何をしようが、「報告書のない仕事はやったとみなさない」というルールを徹底させました。

こういう業務記録は、法律で決まっているからつけるのではありません。伸びていく会社は必ず**自分たちのつけた記録を活用**しています。

出社・退社時間の他、意外かもしれませんが会合への出席率や遅刻率も僕は見るようにしていました。また、記録があれば、社員が働き過ぎていないか、特定の社員に負担がかかり過ぎていないかという状況も見えてきます。

さらに、入社したばかりの人にも現状をすぐに説明できますから、戦力になるまでの期間をずっと短くできます。「今、一番困っているのはこいつだから、サポートに回って」とか「君はこの能力が足りないから、こいつの下で学んで」と指示を出せますね。

世の中は、わからないことだらけです。だからこそ、**少しでもわ**

かるように努力しなければならない。そういう当たり前のことをバカにしないだけで、「普通の奴らの上」を行けたりするものです。

> ⚠️ **他人にもわかるように、仕事の記録をきちんとつけろ**

　急成長していた頃のオン・ザ・エッヂは相当に忙しかったので、社員の働き過ぎにはものすごく気を遣いました。エース級の社員は、放っておくといくらでも働いてしまう。働きたいという気持ちは重要ですから、それを抑えてしまうのも問題です。裁量労働の導入も検討し、ある程度導入しましたが、適用できるのはせいぜい半数程度。当時社内で私を含む役員がよく言っていたフレーズは「残業したかったら、偉くなれ」。そうやって社員が働き過ぎないように管理していましたが、それもこの点に関しては徹底しきれなかったのも事実。自分に点数をつけるとして最も減点が大きいのがここでしょうか。

人と付き合うための インターフェイス

> オン・ザ・エッヂが扱う案件の規模は、急速に大きくなっていく。それは、社員が順調に育っていることの証だった。

「人材を育てる」などとおこがましいことを考え始めたら、上司として負けだと僕は思っています。見所のある人材が、のびのび育つのを待つしかありません。もちろん、時には僕の側から「こうした方がいいんじゃない」と助言することもありましたが、できる社員は「こうするつもりですが、どう思いますか」と向こうから尋ねてきたものです。

　当時は僕自身にもプログラマとしての仕事がありましたから、部下1人1人に声をかけられるほど余裕はありませんでした。だから、ある意味で社風に上司の仕事をさせていたと言えるかもしれません。社員が人付き合いを億劫に感じない雰囲気を維持するようには心がけていました。

　また、伸びていく人間は、他人と情報をやり取りするための「インターフェイス」がしっかりしているように思います。要は、自分のことをきちんと説明できて、人の話を聞けるということです。こうした能力は仕事を通じて伸ばしていくことができますが、当時のオン・ザ・エッヂは成長速度が半端ではなかったため、初めからこうしたスキルができている人間を多めに取らざるをえなかったということはあります。

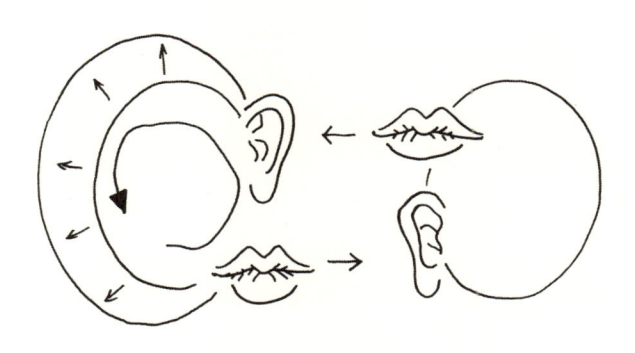

> ⚠ **仕事のスキルは後から伸ばせる。重要なのは、他人とのインターフェイスが開いていること**

　プログラマを募集する時は、まず自分が書いたコード（プログラムリスト）を提出させていました。これでプログラマとしての大まかな力量がわかります。しかし、力量以上に重視したのが「インターフェイス」です。

　プログラマとしての力量はそれなりにありそうでも、どうもインターフェイスが弱そうな人がいる。だいたいそういう人は話し方からわかるもので、アルバイトをしたこともなかったりするんですね。

　人材採用一つ取ってみても、組織の運営というのは地味なものですよ。逆に言えば、そういう地味なことをできていない組織がいかに多いことか。そして、うわべの華やかさにごまかされている人がいかに多いことか。

　仕事をバリバリしているように見える人や会社は、見えないところでもちゃんとやっているのです。というか、見えないところをどれだけ疎かにしないかでほとんど勝負は決まっていますね。

「データホテル」
プロジェクトの苦闘

> 小飼弾がオン・ザ・エッヂ在社中に手がけた案件で最も大変だったと述懐する案件が「データホテル」プロジェクトである。

　オン・ザ・エッヂでは僕も相当ハードな仕事をしましたが、特に大変だったのが「データホテル」という自社データセンター（＊）を立ち上げるプロジェクトでした。何もないところから、オン・ザ・エッヂ専用のデータセンターを3カ月で稼働させるところまでもっていくというのですから。

　確かに、自分たちが自由に使えるデータセンターは必要だということはわかっていましたが、上場後何年かしたらという話だと思っていたんですね。しかし、当時社長だった堀江は、オン・ザ・エッヂの上場と同時に、専用データセンターを持ったことをプレスリリースで流したいという。これは実に理にかなった話です。だから、本当に無茶かどうかを検討してみました。

　まず、そもそも自分たちは何のために自社データセンターが必要なのか。それは、顧客の要望に応えるためです。

　それまでは、大きな案件を受注したら、必要な機材を揃え、他社が運営するデータセンター内に場所を確保するところから始めないといけませんでした。自分たちの業務内容を綿密に分析してみると、サーバーがらみの作業にかかっている時間が非常に多かったので

す。他社のデータセンターだと、サーバーをメンテナンスするために入室申請を出す必要があったりしますから。自社データセンターと機材を確保していれば、納期を1週間は短縮できそうだということになりました。

⚠ カネで時間を買うことのメリットを知れ

　製造業においては、納期の短さが何より重要です。納期を縮めるために機材を自社で所有することはそれほどのコストではないんですよ。データセンターと機材を持つということは、最も貴重なリソースである時間をカネで買うということ。納期を1週間短くできれば、社員もものすごく楽になります。われわれと顧客は、時間と利便性を手に入れることができるのです。

　顧客のために何かしようと思ったら、まず自分たちがしっかりしていないといけません。自社データセンターは、自分たちがコントロールできないファクターを1つ減らすことになるのです。

⚠ 自分がコントロールできないファクターをできるだけ減らせ

* データセンターとは、サーバーなどの機器を集約して設置するための専用施設。インターネットの利用が盛んになるとともに、データセンターの需要も急増している。

「衝突断面積」を増やす

> データセンターの建設には、数年単位の時間が必要になる。
> 3カ月以内に稼働させるには、既存物件を利用するのが早道
> だった。

　データセンターの意義について社内でコンセンスも取れ、プロジェクトが本格的に動き出しました。3カ月で稼働させるためには、いったいどうすればいいのか。当然のことながら自社での建設は無理ですが、自分たちが自由に使えればいいのであって、場所自体を所有している必要はありません。

　こういう業界には必ず需給のミスマッチがあるものです。幸いなことに、データセンターをだぶつかせていた企業から借りることができました。

　もう1つの課題は、誰がそのデータセンターを運営していくかでした。オン・ザ・エッヂの社内でもサーバーの運営を任せられる人間は育っていましたが、データセンターを統括する人材がいなかったのです。どうすべきか考えていたところ、ソニーコミュニケーションネットワークから山崎徳之氏（現株式会社ゼロスタートコミュニケーションズ代表取締役社長）がきてくれることになりました。

　データセンターの物件と統括する人材、この2つが見つかったことは非常にラッキーだったと思います。企業運営においても、運

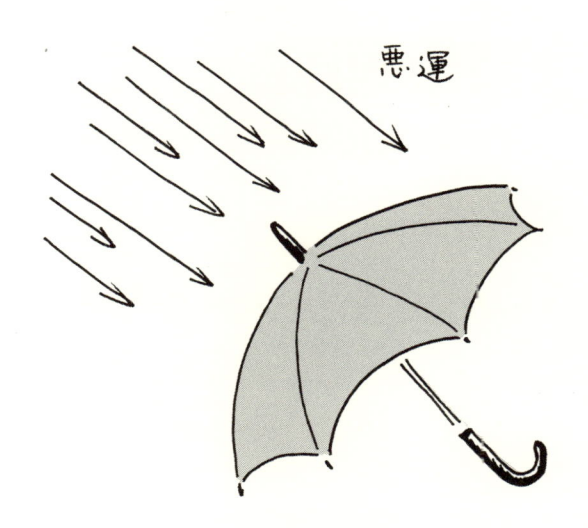

のファクターはあるんですよ。

　しかし、幸運というのは何もしないでやってくるものではありません。運が入るための器を用意していないと、幸運がきても招き入れることができないのです。データセンターの件で言えば、「3カ月で」ということまでは想定していませんでしたが、いずれは必要になるだろうと考えて構想だけはしっかり練っていました。物件についても、市場の状況には注意を払うようにしていました。1000台のサーバーをどう配置するかという設計も半日でできたほどです。

　幸運には当たってほしいし、悪運には当たりたくない。そうするために工夫できることはいろいろあって、僕はそれを「衝突断面積を増やす」と表現しています。例えば、雨の日、風が吹いている方向に傘を向ければ、雨に濡れずにすみますよね。その程度のことな

んです。

　だからこそ、第1章でも述べたように、情報に飢え、さまざまなことに対して問題意識を持ち、アンテナを張っておくことが重要になります。常日頃から、**自分に足りないものは何か**を考えていれば、その不足分を埋めてくれそうなものに出会った時、必ずピンとくるはずです。

> ⚠ 日頃から問題意識を持っていれば、幸運を拾いやすくなる

カネをよく理解している中国人

弾言　成功する人生とバランスシートの使い方

> 小飼弾がオン・ザ・エッヂを去る前に手がけた案件が、中国子会社「英極軟件開発有限公司」の設立であった。当初の計画では、数十人規模の会社を立ち上げる予定だったが、最終的には100人以上の規模になった。

2000年初頭、オン・ザ・エッヂ社内では、中国に子会社が欲しいという話題がたびたび出てくるようになっていました。小規模なサイト構築など、人手はかかるが人件費をあまりかけ

られないという種類の仕事もたくさんあったからです。

　会社的にそう考えていたところ、中国在住の知り合いが中国子会社の設立を持ちかけてきました。こちらもちょうど検討していたところでしたから、早速現地へ視察に行くことになりました。

　当初は、北京で会社を設立する予定でした。ほとんどの仕事は日本から発注することになりますから、日本の本社と中国子会社の間でかなりのコミュニケーションが発生することになります。恥ずかしながら、当時のオン・ザ・エッヂには中国語や英語でビジネスのコミュニケーションを十分に取れる人材が不足していたのです。これに関しては、背伸びのしようがありません。北京なら、日本語が話せる人材を十分に集めることができるだろうと踏んでいたのです。

　しかし、北京だと想定以上に家賃が高くなっていたので、次の候補地であった大連に行ってみました。大連は昔から日本の製造業が進出しており、日本語を話す中国人には事欠きません。しかも、人件費、家賃とも北京より大幅に安くなります。

　元々、中国子会社は20〜30人の規模で想定していたのですが、大連なら100人規模にできることがわかりました。当時、成長真っ盛りだったオン・ザ・エッヂとしては、大連の大きなオフィスを選んだというわけです。もちろん、どちらを選ぶかはその時点での企業の状態によって違いますから、常に大きな方を選ぶのが正しいとは限りませんよ。

　さて、中国人と日本人では文化が違うから、一緒に働くのが難しいと言われます。しかし、実際に運営をしてみると、人事は日本よりもはるかに楽で、ストレスがたまりませんでした。それは、カネを基準に話をすることができたからです。

　給料を払う場合にも、「この仕事をこなせばいくら」ということ

をきっちり話し合っておいてその通り払えばいい。クビにする場合も、「君はこれだけの給料でこの仕事をすると約束したのに、それをしなかった」と言えば、納得してくれました。カネに関しては、日本人の方がはるかにウェットで厄介だと言えるかもしれません。

ただ、中国で厄介だったのは、役所との交渉です。中国の役所は、どの人に話をつければ物事が前に進むのか、非常にわかりにくい。宴席でコネを作っていく必要がありますから、酒が強くないと勤まらない（笑）。人事に関してはウェットな日本人ですが、政府との交渉に関してはルールが明確化されていて中国よりも楽ですね。

> ⚠ **カネを媒介すれば、交渉ごとはシンプルになる**

会社の辞め方

2001年12月、中国子会社を設立した小飼弾は、オン・ザ・エッヂを去る。

オン・ザ・エッヂに入社した時に、自分のやるべきことをやったら、会社を辞めようと思っていました。その分の報酬はきちんと現金と株式（含ストックオプション）でもらっていたわけ

ですしね。

　僕のようにプロジェクト単位で働く人間は、会社でベストを尽くしたらスパッと辞めるべきなんですよ。そうでないと、その後は仕事をしていると見せかけるためだけの仕事を取ってくることになってしまう。

　事前に取り決めた仕事をしたら辞める。そういう働き方が日本の会社員の間にもっと広まってきてもいいと思います。理想を言えば、プロジェクトごとに現金決済するのが一番わかりやすいかな。これなら、雇われた方もいつでも辞められるし、雇った方もプロジェクト後の頭痛の種が1つ減ります。

自分の居場所を作るためだけの仕事はするな

　あくまで、これは僕のようにプロジェクト単位で働く人間についての話です。もちろん、会社に給与だけではなく福祉を期待する人もいますから、そういう人に僕のやり方を押しつけるものではありません。プロジェクトの成果物をメンテナンスする役割もまた必要です。

　ただし、今後はプロジェクト単位で人が集まり、それが終わったら解散して、各人は別のプロジェクトに行く、そういう働き方が増えてくると思います。

人付き合いのパラダイム転換が起こっている

> ケータイ、SNS、プロフといったツールを使って、過剰なまでに他者とのコミュニケーションを求める人間が増えている。

　ここからは会社に限定せず、人付き合い全般について考えてみましょう。

　友人からのメールを常にチェックして、メールがきたら間髪入れずに返信する人をよく見かけます。また、mixiでマイミクの日記には必ずコメントをつける、自分の日記にコメントがついたらすぐレスを書く、そうやって「mixi疲れ」になってしまう人も少なくありません。

　インターネットの登場により、社会の構造は大きく変化しています。かつての社会では、1人1人の人間が家族や近隣住民と「密」な関係を築いていました。ところが現代においては、普通の人であっても、100人や1000人くらいは何らかの関係を持った人がいるでしょう。コミュニケーションが「密」から「疎」へと移ってきているのです。

　このように社会が変化しているにもかかわらず、多くの人々(ケータイが手放せない若者も含めて)は「密」だった時代の作法でコミュニケーションを取ろうとして、疲れてしまっているというのが現状でしょう。

昔　今

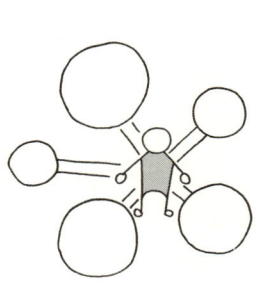

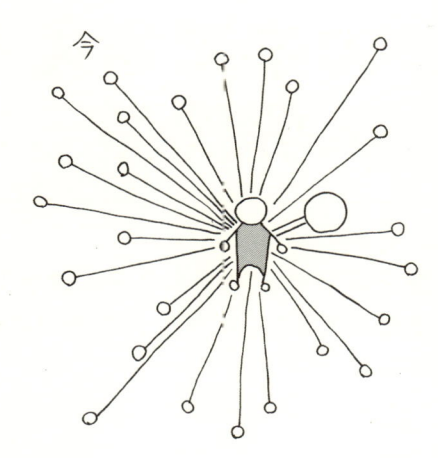

> ⚠️ 社会は「少・密」から「多・疎」に向かっていることを認識せよ

カネで考える人間関係

弾言
成功する人生と
バランスシートの
使い方

> 第2章では、物事をカネによって可視化することの重要性を述べてきた。これを人間関係に適用して考えてみる。

それでは、今の時代にどうやって人と関係を持つのがよいのか？「カネ」は、それを考えるためのツールとして使えます。

一番簡単な例として、1人1人がバラバラで暮らすのと、2人一緒に暮らすのと、どちらの利益が大きいかを比べてみます。2人とも働いているカップルが同棲すれば、お互いの稼ぎは元のままで1人当たりの食費、家賃などの生活費を減らせます。一緒に住むということは、それだけで利益を生み出すのです。しかし、結婚を契機に彼女が働くのを辞めて専業主婦になる場合は、利益を生み出すかどうかは一概に言えません。それぞれの状況に応じて、収支をきちんと考える必要があります。

また当然のことながら、いくら2人で住めば安上がりと言っても、嫌いな人と住むのは誰でも願い下げでしょう。なぜ願い下げなのかと言えば、自分が損失を被っている気がするからです。

では、この損失はいったい「いくら」でしょう？ 1つの解は、「いくらもらえれば、このイヤな人間と住めるか」を考えてみることです。僕は、これを「**クソオヤジ理論**」と呼んでいます（笑）。クソオヤジでもカネをたくさん払えば、いやがっている人間を自分の意のままに操ることができる。

そういった目に見えないお金まで含めて、人間は自分の利益を最大化するように行動すると考える。それが経済学の基本です。カネというのは、世の中にあるさまざまな要素の一側面を無理矢理「見える化」したものとも言えます。

「人の心はカネで買える」という言葉の真意はそこにあるのです。カネというツールを使えば、さまざまな損得を量れるようになります。今までイヤだと思っていた人も、自分の見方・考え方を変えて、好きになってみたら、それは自分にとっての利益を向上させたとも言えるでしょう。

> **!** 「人の心はカネで買える」とは、人間関係を可視化して考えることである

経済学では、人同士が仲良くするのはそこに利益があるからと考えます。夫婦や恋人間でカネのことを話すのはタブーだと感じている人は多いでしょう。しかし、カネで割り切って考えれば、自分も相手もより多くの利益を得られ、物事がうまくいくことも少なくありません。自分で会社を経営してみたりすると、このことが実感として理解できますよ。とにかく、お金というより、数値に対する偏見をなくしましょう。

先にも述べたように、カネで可視化できるのは物事の一部です。しかし、そうやって単純化することで、複数の物事を比較できるようになります。カネ化して利益を見ることで、人生においてどの選択肢を選ぶべきかもわかりやすくなるのです。

カネ化して物事を捉えることは重要ですが、その「値段」は人によって違ってきます。とりあえず他人のことは放っておき、**自分にとっていくらか**ということだけ考えればいいでしょう。例えば、異

性と付き合う場合、世間的に見て不細工な彼／彼女だとしても、自分が好きなら利益は最大になっているでしょう。それは信じていいことです。別にその彼／彼女を流通させるわけじゃないんですから（笑）。結局のところ、人が誰と付き合うかは、その人**自身の価値体系との対話**といえます。

> ⚠ **物事の値段は、自分が決めてよい**

方程式で「モテ」を計算する

弾言
成功する人生とバランスシートの使い方

> 人付き合いをカネ化したら、自分なりの方程式を作ってみるとよい。そうすれば、これまで気づかなかった物事の側面が見えてくる。

人付き合いをカネ化できたら、それを方程式に当てはめてみると、いろいろなことが見えてきて面白いですよ。

例えば、『勝間式「利益の方程式」』（勝間和代、東洋経済新報社）では、

利益＝（顧客当たり単価－顧客当たり獲得コスト－顧客当たり原価）×顧客数

と表しています。これ以上複雑な式だと普遍性が失われますし、これ以上省略すると物事のとらえ方が粗くなり過ぎてしまう。すべての商売に応用できる、絶妙なバランスでできた方程式と言えるでしょう。

　この利益の方程式を「モテ」度合いに当てはめてみるとどうなるか？

　原価は、どんな場合にも発生するものということで時間と考えてみてもいいでしょう。人の立場によって、原価はゼロやマイナスになることもあります。会うための手間自体も喜びなら、原価はマイナスになりますね。

　獲得コストは、デートの時にどれくらいお金を使う必要があるかと言ってもいいでしょう。自分がイケメン／美人なら、獲得コストは低くなるかもしれません。

　単価は、相手の魅力をどれくらいに見積もっているか。モテる人というのは、**異性の単価を高めに設定している**場合が多いですね。逆に、イケメン／美人だけどなぜか恋人ができない人は、単価を低く設定しているように思います。要は、**相手を安く見ているということ**。ほとんどの場合、そういう気持ちは相手に見透かされます。

> ⚠️ **本人の満足度＝（相手の単価−獲得コスト−付き合いに必要な時間）×相手の数**

実際には、相手の数は1（ステディは1人！）に固定されていることも多いですし、こっちを選んだらあっちは選べないという排他性（二股禁止！）もありますから、利益はもっと複雑になりますけどね。

　モテに限らず人付き合い全般ということなら、「1人当たりから得られる利益の少なさは、相手の数で補える」ということが言えるかもしれません。もしかしたら、数少ない親友よりも、たくさんの知人と広く薄く付き合った方が得なのかもしれない。確かに、相手の数が多ければ、「この人がいないと困る」というリスクを減らせることになります。

　注意しなければいけないのは、この方程式に含まれる**4つの変数は相互に依存している**ということ。付き合う人が増えれば増えるほどげんなりしてしまう人もいるでしょう。それは、「顧客」当たりの単価が下がると解釈できます。人によって、どれくらいの「顧客」数を得た時に利益が最大になるかはまったく違ってくるのです。

　たいていの人は、こうした方程式を思い浮かべなくても無意識に人付き合いをできていると思うでしょう。ところが、どうしても人間関係で利益が出ない、つまり幸せだと感じられない人は少なからずいます。そういう人こそ、こうした方程式で物事を捉え直してみるとよいでしょう。

　コミュニケーションに関する最近の研究では、数少ない親友より、多くの知人を作る方が幸せになる可能性が高いことを示唆しています。昔は、信頼できる親友を作れとよく言われたものです。しかし、就職活動を調べた研究では、就職できた人が誰に世話になったかを調べていくと、友人や親戚より、知人レベルの「さほど親しくはない」人の場合が多いことがわかってきました。単なる知り合い程度の人に手伝ってもらっている時に最大限の効用を得られることが多

かったのです。距離が近い人に何かを依頼する場合、依頼者の期待値は高くなりますから、依頼を受けた方もリスクを恐れてしまうのかもしれません。

類が友を呼ぶのはなぜ？

趣味を同じくする人同士は、自然と集まるようになるもの。「類が友を呼ぶ」仕組みを、利益の方程式で考えてみる。

人付き合いのコストのうち、圧倒的に大きいのは、初回獲得コストです。「はじめまして」と挨拶して付き合い始めるのが一番大変だということは、誰でも感じることではないでしょうか。それが有名人ともなればなおさら。いったん初回獲得コストを支払ってしまえば、後の付き合いのコストはぐんと安くなります。

利益の方程式を使えば、友人とは「すでに初回獲得コストが支払われている人たち」と定義できるでしょう。そのため、2回目以降の付き合いでは、たいてい利益が出るわけです。

> ⚠ 友人1人当たりから得られる利益＝相手の単価−付き合いに必要な時間

趣味を同じくする人たちが集まるのも、初回獲得コスト、維持コストのいずれも低いからと説明できます。趣味が同じなら、共通の前提に基づいて話ができますから、コストは低くなります。

　しかし、同じ趣味の人とばかり付き合っているのは、よくありません。それは、私たちが状況が変化するというリスクにいつもさらされているからです。

　人間関係や交通などの中心を「ハブ」と言います。1つの趣味サークルがある人間にとってあまりにも大きなハブになってしまうと、そのハブが壊れてしまった時のダメージは計り知れないものになってしまいます。

　そういうリスクを避けるためもあって、私たちには多様性を重視する習慣がついているのでしょう。結局のところ、人間関係におけるリスクヘッジを無意識に行っているのだと言えます。

　もちろん、多様性が重要だからと言って、際限なくコストがかけられるわけではありません。薄い付き合いであっても、増えれば大きなコストになってくるわけですから。

　人間関係において**最も貴重なリソースは、時間**です。仮に地球上のすべての人間と付き合うとしたら、1人当たりの付き合いに費やせるのは、瞬きする時間にすらなりません。人生はおよそ25億秒しかないのに、世界には66億人も人がいるのですから。

　人間関係における利益の方程式は、誰にどれだけの時間をかけるか、そしてどれだけの利益を得るかというバランスを考える上で役に立つはずです。

　ビジネスの比喩で言えば、ロスカット（損切り）に使うこともできます。ビジネスでは何かの拍子に顧客の単価が急落したり、原価が高騰したりして、利益がマイナスになってしまうことがあります。これは人間関係でも同じです。こじれてしまった人間関係を抱え込

んでおくという手もありますが、いったん損切り、つまり距離を置いてみてもよいでしょう。

> ⚠ こじれた人間関係はいったん損切りして、利益を確保せよ

ネットワークにおける自分の価値を上げろ

> 2人以上の人間が集まれば、そこにネットワークができる。「利益」を考えると、ネットワークの構造も見えてくる。

　この章の冒頭では、コネの価値、すなわちネットワークが持つ価値について述べました。利益の観点から見れば、人のネットワークがどういう構造をしているのかがよくわかります。これについて考えてみましょう。

　第2章で説明したバランスシートでは、自分の持っている「資本」は、「資産－負債」というように計算しました。同様にして、ネットワーク自体が持っている価値も出せます。

　そのネットワーク自体の価値は、「ネットワーク全体の価値－Σ（個人の価値）」ということになります。

> ⚠ **ネットワーク自体の価値＝ネットワーク全体の価値−Σ（個人の価値）**

　では、ネットワークにおいて個人が持っている価値はどうやったらわかるのでしょうか？　それは、特定の人がネットワークから消えた場合を考えてみたらわかります。

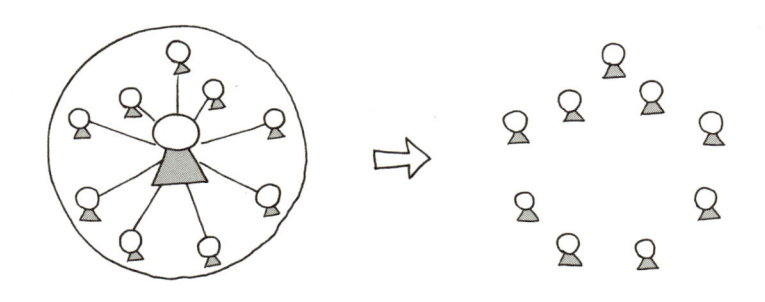

　ものすごく簡単なネットワークの例として、スター型のネットワークを考えてみましょう。中心にいる人がいなくなったら、あらゆる人がネットワークから価値を得られなくなりますね。ということは、この場合、ネットワーク自体が持っている価値は、この人自体の価値だということになりませんか？　中心の人は、ただその場所にいるだけで、ネットワークの価値を高めているのです。

　現代において、個人に備わっている価値はそれほど大したものではありません。一見、価値が高そうな人もそうです。金持ちが持っている価値のほとんどは、実のところネットワークによって生み出されているのです。

　グーグルを見てみましょう。同社は自分ではほとんどコンテンツ

を作りません。その代わり、そのコンテンツ同士を検索で結びつけるという、まさにコネ（クション）を生み出すことが同社の生業となりました。その時価総額は、2008年8月現在、15兆円。これを上回る日本企業はトヨタだけです。そのトヨタの生業も、自動車。ITほどの派手さはありませんが、これも「交通」というまさにコネには欠かせないビジネスです。

　弾言します。**コネこそカネなのです。**

　しかし、それならばあらゆる人同士が相互に結び合っているネットワークなら、最大限の価値を引き出せるのでしょうか？　そういうことにはなりません。なぜなら、ネットワークの維持コストがかかるからです。維持コストというのは、それぞれの人がお互いと話をするのにかかる手間の総計、コミュニケーションコストと考えればいいでしょう。

　すべての人が結びついた、完全な民主主義ネットワークがあったとします。ノード（ここではネットワークに属する個人）の数がnとすれば、ノード同士を結ぶ線の数は、「n（n-1）／2」になります。ノードの数が10なら線の数は45、20なら190と、ほとんど2乗のオーダーで、人付き合いの手間が増えていくことになります。

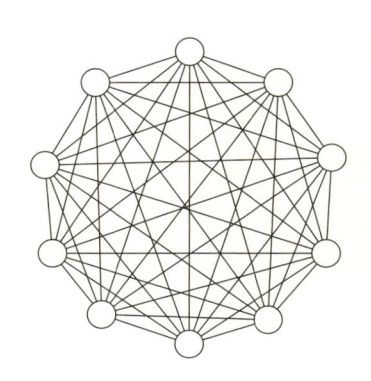

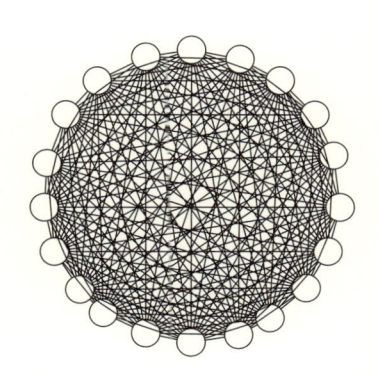

こんなネットワークでは、いくら何でも人付き合いが大変過ぎますね。

一方、先ほど例として挙げたスター型のネットワーク。これは、独裁者が支配する組織の構造を示しています。この場合なら、ノードが1つ増えるごとに、ネットワークの維持コストは1ずつ増えていきます。完全民主主義のネットワークに比べて、独裁者のスター型ネットワークは維持コストが格段に安いのが特徴です。

ところが、スター型ネットワークは大きなリスクを抱えています。中心にいる独裁者がダメになってしまったり、悪人になってしまった場合、ネットワークの価値が急落してしまうのです。

実際の人間関係ネットワークは、基本的に身近な人同士が結びつき、ところどころに遠くの人への近道がある「スモールワールド」的な構造をしています。さらに、随所に多くのノードが集中する「ハブ」が存在します。多くの人は、人付き合いのコストが膨大になり

過ぎることを嫌いますし、特定のハブに価値が集中し過ぎるリスクも避けたいということで、自然とこういう形になっていくのでしょう。ハブになる人というのは、人付き合いにより多くのコストを支払える人。ネットワークの価値は、ハブとなっている人々が握っていると言えます。

> **!** より大きなコストを払える人がハブ（中心）になる

　人付き合いに疲れた、あるいは人付き合いをもっとうまくこなしたい、そう思うならば、一度自分の身の回りにある人間関係をネットワークとして捉え直してみてはいかがでしょう。可視化してみることで、自分がどこに負担を感じているのか、キーパーソンになっているのは誰かといったことも見えてくるかもしれません。

「休み」を安く見積もるな

> 人間関係において利益を考える場合、注目すべきは時間である。豊かな時間を生み出すためにこそ、利益の考え方が重要になってくる。

　ここまで人付き合いに方程式を適用してみましたが、常に利益計算を行いながら人と付き合えと言っているわけではありません。利益の方程式は、人付き合いに限らずさまざまな事柄に対して使える道具であるにすぎません。物事や人付き合いがどうもうまくいかない、そういう時に自分なりに方程式を設定してみる。そうすることで、これまで目に見えていなかったことがすっきりと把握できるようになるはずです。

　人間関係や仕事にちょっと疲れただけなら、**休めばいいだけ**です。けれど、私たちはついつい「休み」の価値を異常に安く見積もってしまいます。仕事が締切に間に合わなければ、休みを削ればいいやと安易に考えてしまいがちです。

　しかし、何度も述べているように、時間というのはどんなにカネを払っても増やせない、最も貴重なリソースだということを忘れないようにしてください。利益を多く得られるように行動するということは、それだけ休む時間、豊かな時間を生み出すことにつながります。

　人間関係における利益の方程式は、「本人の満足度＝（相手の単

価−獲得コスト−付き合いに必要な時間)×相手の数」と述べました。知り合い1人当たりから得られる利益が低くても、相手の数によってカバーすることは可能です。ただし、そういう「薄利多売」戦略は、コスト押し上げ要因になりがちです。一方、1人当たりからの利益が高ければ、時間が十分に取れるということになります。

なお、人付き合いで得られる利益は貴重なものですが、使い切れないほどの利益を貯め込んでいても意味はありません。利益は多いほどいいのではなく、自分にとって十分な利益をあげていることが大事なのです。

> ⚠ 人付き合いの利益を得るために、必要以上のリソース（時間）を費やしていないかをチェックすべし

社会にかかる
コストを計算する

> コストの概念は、個人の人付き合いだけでなく、社会の構造を考える上でも役に立つ。

コストの明確化は、いろいろな状況で使える便利なツールです。例えば、他人に何かを説明することのコスト。この本を

読んでいるあなたは、僕の文章を僕の意図とは違ったように捉えるかもしれません。誰が読んでも誤解されないように徹底するためには、前提条件を詳細に書き、例外について述べ、注釈をたっぷりつける……。しかし、そういう行為はコストを無駄に押し上げることになります。発信者側の手間、紙代が増えるというだけではなく、受信者側のコストにもなるのです。分厚い本を正しく解釈するためにより多くの文字を読んで、より多くの時間をかけ、脳により多くの血液を送り込む必要があります。必要十分な人に伝えるためには、**短いほどお互いのコストを節約できる**わけです。ついでに言えば、僕は誤解してもらうほどありがたいことはないと思っています。僕が気づかなかった知見を、他人が指摘してくれるのですから。

⚠️ 誤解を恐れて冗長に話すことは、受け手にコストを払わせることになる

　電気製品の取扱説明書や仕様書には、膨大な注意事項が書かれていますが、これは誤解されてしまった時に企業が払わなければならないコストが、説明するコストよりも高くなると考えられるからです。最近の携帯電話の取扱説明書は、恐ろしいほど分厚くなっていますが、これは誤解された場合のコストを高く見積もり過ぎているのでしょうね。

「ネコを乾かさないでください」その他もろもろの注意事項が電子レンジの説明書に書いてあるというのは、誤解されないようにするためのコストをメーカーが支払っているということ。リスクの尻ぬぐいは誰かがしなければならないわけですが、今はそういう意味で利用者側の負担があまりにも少なくなっているということは言えるでしょう。

iPodやMacなどのアップル製品には、分厚いマニュアルが付属していません。人間の自然な行動に合わせて機器を設計することで、発信者側、受信者側が支払う「理解のためのコスト」を下げているのです。

次は、社会全体におけるコストについて考えてみましょう。先ほど述べたように、現代では消費者に訴えられないよう、企業は神経質なほど対策を講じています。しかし、昔の状況は今とまったく逆でした。言ってみれば「だまされる奴が悪い」世界だったのです。ビジネスにおいても、品質を保証する仕組みもなく、客は自分で商品がきちんとしたものであるかを確かめなければなりません。

実は、ビジネスにおいてもプライベートにおいても、人付き合いの利益を算出する上で最も重要となるコスト要因は、「他人にだまされる確率」です。詐欺師が多い世界ではリスクが高くなり、それに伴って単価は上昇し、利益は減ります。

他人を信用できる社会であるほど、個人の利益は増えます。そのような社会では、詐欺という犯罪は割が合わなくなってくるのです。短期的な視点から見れば、詐欺師は必ず勝ちます。ところが、他人

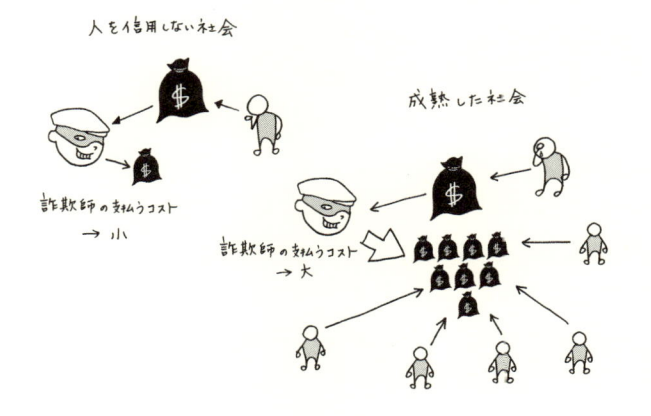

を信用できる成熟した社会の場合、詐欺師を見抜き、罰するためのコストを皆が支払うようになります。つまり、詐欺を行うためのコストが上昇するということです。

　一方、未来に希望が持てない刹那的な社会だと、今日得たモノは明日使って、明後日には死ぬ、誰もがそんな生き方をしてしまう。そういう社会で一番効率のいいビジネスは詐欺ということになります。人々が社会から収奪を行うため、滅亡するのも急速になっていくのです。人々が滅亡を信じている社会では、人を信じるコストが無限大になり、人をだますことが利益を最大化する行動ということになります。

> **!** 他人を信用できる社会ほど、個人の利益は増える

「心」で受け取る報酬もある

弾言
成功する人生とバランスシートの使い方

> 人が何かの行動を起こす。その動機がお金という形の報酬だとは限らない。人にとって最大の報酬とは、心理報酬なのだ。

　世界中のWebサイトで広く使われているプログラミング言語に「Perl」があります。Perlはオープンソースで開発が

行われており、僕は現在も開発に参加しています。オープンソースのプロジェクトの開発者は基本的に無償ですし、参加している当人たちにしてもなぜこんな仕組みがうまくいっているのかはよくわかっていません。このあたりの疑問は、今後研究が進んでいくにつれて解明されていくでしょう。

利益に話を戻すと、僕について言えば自分の利益を最大化する行動が、オープンソースの開発プロジェクトにコミットする（自分の書いたソースコードをプロジェクト全体に反映させる）ことでした。自分が作ったプログラムが世の中をよくするかもしれないという期待。それが**僕にとっての利益**だったのです。

利益をどういう形態で受け取るかは二義的な問題です。現金で決済するか、差額で決済するか、心の満足か。当時の僕はすでにある程度のお金も持っていましたしね。

現代は、支払いや収入の手段が非常に多様化しています。借金ですら売買できます。住宅ローンの借り換えというのはまさにそうです。そして金品をバイパスして、社会的な名誉という形で利益を得ることもできる。オープンソースはこの支払い、受け取り方法の多様化抜きには語れませんし、オープンソース以外の事柄でも極めて重要な意味を持っています。

第2章では、「カネというのは人間の力を媒介するゲージ粒子」という僕の考え方を紹介しました。しかし、カネのやり取りは、人と人の間で行われるやり取りのほんの一部分、氷山の一角でしかありません。

何かをやり遂げた満足感は、それだけで報酬になりえます。しかも、ちょっとやそっとのカネでは買えないくらい、巨大な報酬をもたらすのです。

⚠ 人間にとって最大の報酬は、物事をやり遂げた満足感である

　仕事や勉強をしなければいけないのに、ついゲームをしてしまったり、マンガを読んでしまったという経験は誰にでもあるでしょう。なぜそんなことをしてしまうのかと言えば、ステージをクリアしてやり遂げたという満足感が大きいからです。僕の場合、人の作ったゲームにハマることは少ないのですが、やらなければならない仕事がある時にいつもより本を多く読んでしまう傾向があります。やり遂げたという事実そのものが、人間にとって大きな報酬になるというのは、どういう人、状況でも共通しています。

　ですから、クリアしやすく手軽に満足感の得られるものを手元に置いておくのは重要なことです。これは、職場のおやつと同じくらい重要（笑）。職場のおやつは、むさぼり食わなければ脳にも健康にもいいんですよ。

⚠ すぐクリアできる、お楽しみを手元に用意しておけ

　かといって、ゲームだとついついだらだらプレイしがちですから、自分が楽しく、できればスキルアップにつながるものを用意しておくようにします。手軽なのは、やはり本でしょうね。

　間に挟むのは、仕事でもいいでしょう。仕事Aをやっていて疲れてきたら、仕事Bに切り替えてみる。自分で楽しいと思う仕事を取ってこれれば、こういうことも可能になります。

　そうやって、やり遂げた満足感をすぐに報酬として現実化できるようにしておけば、長い旅もしやすくなるはずです。

「楽しい仕事ばかりなら苦労はない」と思った人は、自分が払っているコストを改めて計算してみてください。

> ⚠️ **仕事で得られる利益＝カネによる報酬＋心理報酬**

　楽しくない仕事をやらされているということに、心理報酬がマイナスになっています。つまり、自分で自分の利益をぶち壊していることになるんですよ。利益を向上させるためには、自分が面白いと感じる仕事を見つけるか、今している仕事の中に面白さを見つけることです。

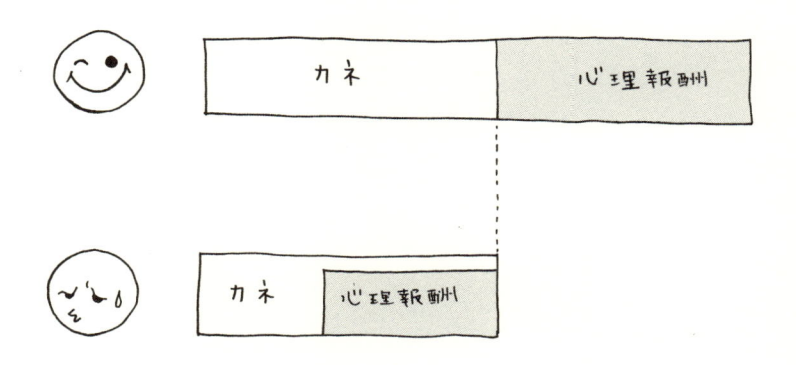

　例えば、どこかのレストランであなたが働いているとしましょう。あなたは刺身の上にひたすらタンポポの花を載せていきます。単に刺身にタンポポを載せる仕事だと考えたら、むなしさを感じるかもしれません。しかし、客が刺身をうれしそうに食べている姿を見たらどうでしょう。お客を喜ばすのが自分の仕事だと、誇らしく感じるのではないでしょうか。心理報酬というのはたったこれくらいのことで大きく変わるものなのです。

心とカネの為替レート

> 楽しい仕事なら、人は心理報酬を十分に得られる。一方、楽しくない仕事の場合は、十分な心理報酬を得られず、その分をカネでもらう必要が出てくる。

異なる通貨システム間では当然ながら為替の仕組みが働いており、誰もが自分の「カネ⇔心理報酬」の為替レートを設定しています。切実にカネを必要としている人は、自分の心理報酬の為替レートを下げてしまいがちです。つまり、**心理報酬を安い値段でカネに変えてしまう**。この心とカネの為替レートの正体を突き詰めていくと、人の心はカネで買えるのではないかという発想が出てくることになります。

⚠ 余裕がある人の心理報酬＞余裕がない人の心理報酬

しかし、厄介なことに心理報酬には単位がありません。

そもそも、単位というのは、3人以上の人間がかかわる取引で初めて必要になるものです。取引の当事者が2人なら、「この木はそっちの木より大きい」「この牛はその牛より多くの乳を出す」というように、相対的で定性的な議論で事足ります。ここに3人目が加わると状況が変わります。第三者から見て、同じようにモノを測るために単位が必要です。さらに、単位が成立するためには、そのモ

ノを「貯める」ことができなければなりません。取引ごとに完全に決済が済んでしまうのであれば、単位はいりません。「よかった」「悪かった」の判断ができればよく、「いくら」儲かったかを考えなくてもよいのです。

心理報酬はどうでしょうか？ 心理報酬がいくらかを判断するのは自分自身の心、自分の内面との対話によって値段が決まります。しかも、心理報酬を貯めておくことはできません。そのため、心理報酬は、貨幣と同列には扱いにくいのです。

心理状態は本当に「貯め」が効きません。「この恨みは1000年忘れない！」なんてことが言われたりしますが、実際のところ、個人が1000年も忘れないでいられるわけがない。たいていの恨みつらみは一晩寝ればなくなるものです。積年の恨みつらみというのは、恨み自体を覚えているのではありません。出来事の記録があって、それを毎日見返しては**新しく恨み直している**のです。

⚠ 人間の心理状態は、貯めておくことができない

「人間の心理状態は貯められない」という特性に気がつけば、恨みを貯め込まないようにもできます。僕の見るところ、日本人は比較的恨みを貯め込まない傾向があるようです。もっとも、その代わり恩を忘れるのも早いわけですが（笑）。こういう日本人の性質が、中国人や韓国人と話が合わない原因になっているのかもしれませんね。

そうはいっても、長い目で見れば、恩を忘れたとしても恨みも忘れてしまう人の方が得です。人間の心をバランスシートに例えるなら、恨みを忘れるということは、毎日負債がなくなってきれいな状態になるということですから。

> ⚠️ **恨みを忘れると、心の負債が減り、利益を生み出せる**

　恨みを忘れて恩を忘れないというのは、昔ながらの道徳論と同じです。道徳論も心の利益をもたらすために生まれたものですが、昔は今ほど会計の考え方、カネというツールが発達していませんでした。そのため、「いい」「悪い」の定性的な話になってしまいがちだったのです。カネ、そして人間の心理の特性（心理状態は貯められない）を考察することで、現代人はもっと生きやすくなるのではないでしょうか。

第3章 ブックガイド

『勝間式「利益の方程式」』勝間和代、東洋経済新報社

勝間本の中で、最も面白くて役に立つ1冊。「無理な働き方や必要もない仕事をなくすにはどうしたらよいか」——その問いに対する著者の答えが、「利益を上げる」ことであった。本書で紹介されている「利益の方程式」は、「利益=(顧客当たり単価−顧客当たり獲得コスト−顧客当たり原価)×顧客数」とシンプル。しかし、この方程式は、小は個人のアフィリエイターから大はトヨタクラスの企業まで、利益を必要とする者すべてに応用できるはずだ。

『「複雑ネットワーク」とは何か？ 複雑な関係を読み解く新しいアプローチ』
増田直紀・今野紀雄、講談社

近年、複雑ネットワークの視点から物事の関係性を見ることで、面白い知見を得られることがわかってきた。代表的な例が、「6人を介すことで世界中の誰とでもつながれる」というスモールワールド性だろう。本書は、インターネットの構造や感染症が広まる経路などを題材に、ネットワークがなぜそのような構造になっているのかを明らかにしていく。mixiにおける実勢調査も取り上げられており、人間関係を考える上でのヒントも得られそうだ。

『頭のいい段取りの技術』藤沢晃治、日本実業出版社

仕事を早くこなすための仕事術の本は数多いが、本書がすばらしいのは何のために段取りをつけるのかを正しく説明していることにある。段取りの正体とは「サービス精神」である、そう著者は説く。他人に対するサービス精神があって、自分の仕事を効率よく仕上げることができる。まさに、段取りとは「情けは人のためならず」の「情け」なのだ。

『ちょいデキ！』青野慶久、文藝春秋

本書は、サイボウズ株式会社社長、青野慶久の半生記と仕事術を本人が著したもの。一部上場企業社長が記した本ながら、紹介されているのは誰もが無理をせずに取り組める仕事術で、思わずほっと癒される。例えば、「うまく話すことを諦めてみる」ことで逆に相手から質問を引き出せるといった具合。「煽り」系の仕事術の本で挫折してしまったら、ぜひ本書を手にとってほしい。

第4章
GOODS
モノ

「本当は所有できない」ということを理解する

増やせないのがモノ

カネに占めるヒト、知的生産の割合は、急激に大きくなっている。しかし、資源や土地といったモノがなければ、社会は成立しない。では、モノはヒトやカネとどう関係してくるのか。

こ␣こまでは、知的生産（ヒト）が世の中における価値の大部分を占めるようになってきたこと、そしてカネというツールを使うことで物事を定量的に考えられるということを述べてきました。

最後に、「モノ」とヒト、カネのかかわりについて僕の考え方を述べたいと思います。ここでいうモノとは、資源や土地、作物など、人間が介在しなくても存在する、具体的な事物のことです。モノをきちんと捉えることは、社会や自分の有り様を理解する上で、非常に重要になってきます。

まず、世界に存在するモノは、増やせないということ。「増やせない」ということがモノの定義と言ってもよいでしょう。例えば、土地を増やすことはできません。限られた土地に建物を建てて多くの人間が住めるようにする工夫は、「ヒト」に属します。天然資源も増やせません。人間が使った資源は、エネルギーを使うことでようやく一部を再利用できるにすぎないのです。あらゆるモノは、ゼロサムゲームなんですね。

ただでさえ少ないモノを、誰の所有かをいちいち問題にして、細かく使っているのが現状です。食糧は増産できるし、これまでは採掘されていなかった資源もありますから、人間が利用できるモノの量もじわじわ増えることは増えますが、カネの増え方に比べたらたかが知れています。

⚠️ 「モノ」は増やすことができない

根源的にモノを所有することはできないのです。なぜかと言えば、人間には寿命があるから。どんなモノでも、せいぜい80年レンタルにしかならないんですよ。

石油がなくても自然破壊は起こる

> 石油をはじめとする化石燃料によって、人類は文明を大きく飛躍させた。だが、化石燃料は、同時に大規模な自然破壊をもたらしている。

2０世紀の文明は、石油によって成り立っていました。これほど、安価で効率的にエネルギーを取り出せる資源が見つかっ

たというのは、人類にとって「棚ぼた」以外の何物でもありません。この棚ぼたが1世紀以上も続いたのは、本当に驚きです。石油によって文明は急速に発達しましたが、同時に公害や自然破壊も進みました。

　では、石油がなくて石炭だけ、あるいは石炭もなかったとしたら、世界はどうなっていたでしょうか？

　僕は、石油のない世界でもひどい自然破壊は起こりえると思いますし、現実の歴史では実際に起こりました。実をいえば、世界3大凶悪発明の1つは、農業です。残りは化石燃料とインターネット（笑）。残り2つは本書では語りきれないのでさておき、古代から、農業のために人間は森林を食いつぶしてきました。森林を切り開いて農地を作り、木を切り倒して薪というエネルギー資源を手に入れました。今は砂漠の中東も、かつては大森林地帯でした。化石燃料以前は、森の寿命が文明の寿命だったのです。

⚠ 文明崩壊は資源枯渇によって起こる

　人間も含めた生物は、全体の調和を考えて行動するわけではありません。ひたすら自分というか、自分たちの遺伝子を残すための行動をとり、そのために使えるモノを何でも利用するのです。人間は知恵をもったことで食物連鎖の循環から外れました。そのため、天敵がおらず、ひたすら資源を消費し続けてしまいます。その結果、世界は人間にとって不利な状況へと変化していってしまいます。資源が枯渇して暖をとれなくなったり、食糧生産ができなくなるといった不具合が起こるようになります。

「モノ」は増やせない 代わりにいくらでも回せる

世界的に環境意識が高まり、省エネやリサイクルの活動が進んでいる。ここで、改めて資源やエネルギーの本質について考え直してみよう。

先ほど、文明崩壊は資源枯渇によって起こると述べました。では、今度はこの資源について考えてみましょう。

資源は、大きく2種類に分けられると言われます。再生可能な資源と、再生不能な資源です。例えば、マグロやサバは絶滅さえしなければ繁殖して増えますから、再生可能な資源です。

では、石油はどうでしょう。石油は採掘して使ったらなくなってしまいますから、一般的に再生不能な資源と考えられています。しかし、本当でしょうか?

「石油」と考えてしまうと再生不能なように見えますが、われわれが利用しているのは石油に含まれる炭化水素です。炭化水素自体は、化学的に合成することもできます。再生不能と言われている資源でも、再生方法さえ知っていれば、元に戻せます。

しかし、こんなうまい話があるなら、石油の枯渇など問題にならないはずですね。実際にモノを元の形に戻すには、エネルギー、より厳密に言えば「**負のエントロピー**」が必要になってくるのです。

エントロピーは、「事物の乱雑さ」というように説明されることもあります。机から床に落ちたコーヒーカップはバラバラになって

しまいますが、バラバラになったコーヒーカップが自然に元に戻ることはありません。コーヒーカップという秩序だった状態からバラバラの破片になったということは、「正のエントロピーが増大」したと表現できます。木や石油を燃やすと熱が発生しますが、これもエントロピーの増大です。外からエネルギーが入ってこない「閉鎖系」では、エントロピーは常に増大し、最終的にはすべて同じ温度になっておしまい。これを「熱死」と言います。

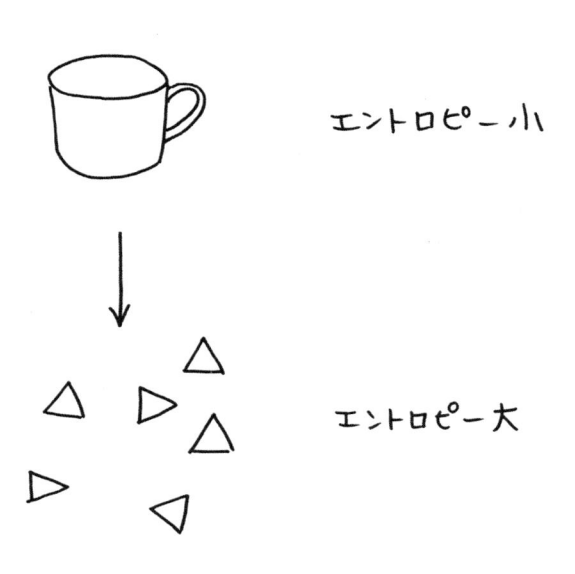

エントロピー小

エントロピー大

　しかし、熱の出入りがある「開放系」ならば、エントロピーは減少することもありえます。事実、地球自体がそういう仕組みになっています。
　地球上で使えるエネルギーは、根源的には２種類、太陽エネルギーと地熱エネルギーだけです。風は太陽エネルギーによる大気の対流

ですし、化石資源も太陽エネルギーを古代の動植物が貯め込んだものということになります。

　太陽エネルギーや地熱エネルギーを使って、地球上の動植物は生命活動を行います。人間の社会的な活動、生産や製造、移動といった営みにも同様に太陽エネルギー、地熱エネルギーが使われます。社会や生命はこうした活動によって自身のエントロピーを下げ、廃棄物を自分の外に捨てます。

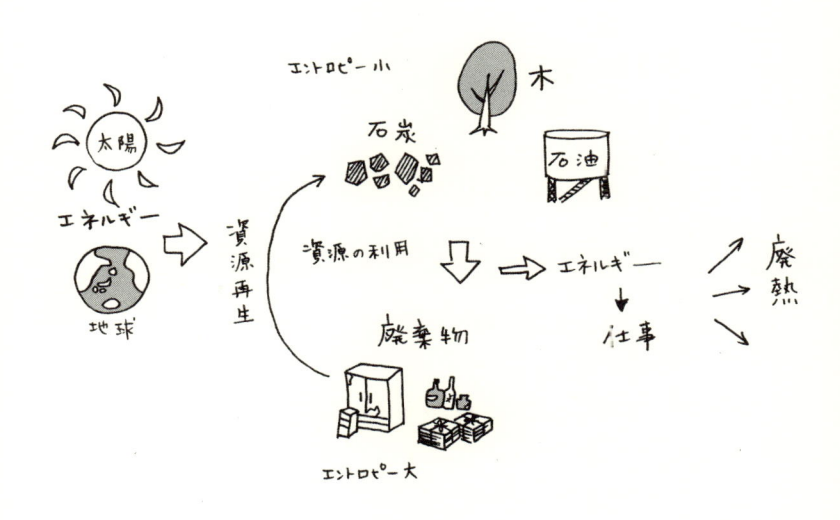

　例えば、人間はモノを食べず、排泄もしないと死んでしまいますね。生物は、生命活動を行うためのエネルギーと体を構成する分子を食べ物から取り入れます。生物の体を構成する分子は、人間の場合なら数カ月ほどですべて入れ替わりますが、これは動的でありながら秩序だった状態を保つために不可欠なのです（参考：『生物と無生物のあいだ』福岡伸一、講談社）。そして、生命活動によって

生じた老廃物や熱（高いエントロピー）を放置しておくと、体全体の秩序が維持できなくなり、死に至るのです。

廃棄物、老廃物を捨てるというのは、自分の体の外にエントロピーの高い状態を作り出すことです。生物の場合と同じく、これをそのままにしておくと、今度は地球がどんどん熱くなっていってしまいます。ただ、ありがたいことに地球には太陽エネルギーによる大気の循環があり、熱は宇宙に捨てられて、エントロピーが下がる仕組みになっているのです。太陽エネルギーと地熱エネルギーがある限り、このサイクルは回り続けます。「十分なエネルギーさえあれば」、廃棄物を秩序だった有用な状態に戻す、すなわち資源として再生することも可能なのです。

十分なエネルギーさえあれば、あらゆる資源は再生可能である

補足しておくと、資源を再生させるためには、エネルギー以外にももう1つ必要なものがあります。それは、資源を再生させるための仕組み、例えば生物です。生物は、エネルギーを利用して繁殖します。マグロは再生可能な資源ですが、いったんマグロが絶滅してしまったら、人間がマグロを再生することは不可能になります。生物多様性が重要なのは、こうした再生装置が非常に複雑なため、人間の手では作ることができないからなのです。

エネルギーは、あらゆるゴミを資源にする

> 資源は有限で節約して使わなければならない。現時点においてそれは事実だ。しかし、エネルギーの本質を考えると、また違った知見が得られる。

あらゆる資源は再生可能です。「十分なエネルギーさえあれば」という但し書きつきですが。現在、私たちの利用できるエネルギー源の質がよくないために、十分なエネルギーが得られないでいるだけなのです。かつての人類は、森を裸にしてエネルギーを取り出していました。このやり方は、エネルギー効率が悪い上、再生装置である自然を破壊してしまいます。次に、石油や石炭などの化石燃料を使うようになり、これによって森を直接燃やすより1～2桁以上高いエネルギー密度を利用できるようになりました。化石燃料を燃やすことは、森をそのまま燃やすよりもよほど効率がよいのですが、利用すると二酸化炭素が発生しますし、やはり自然を破壊してしまいます。

では、安価で使い放題の「十分なエネルギー」があったとしたら、いったい何が起こるのでしょうか？

現在ではコストの関係で不可能な製錬技術を使えることになります。そのへんに転がっている石ころが資源に化けてしまうのです。

これまで人類は、鉱山から採掘した鉱物に化石燃料から得たエネルギーを投入して有用な元素を取り出してきました。しかし、化石

燃料のエネルギーは密度が低いため、精錬できる条件は限られています。よい鉄を作るには、質のよい鉄鉱石を集めて、それをコークスで還元するしかありません。

　ところが、今よりも2桁高密度のエネルギーを使えるとなったら話は変わってきます。どんな物質であっても、高エネルギーを加えればプラズマという原子がバラバラになった状態になり、ここから必要な元素を自由に取り出すことができるのです（ちなみに、現在でも質量分析器はそうやって試料をプラズマ化して分析を行っています）。

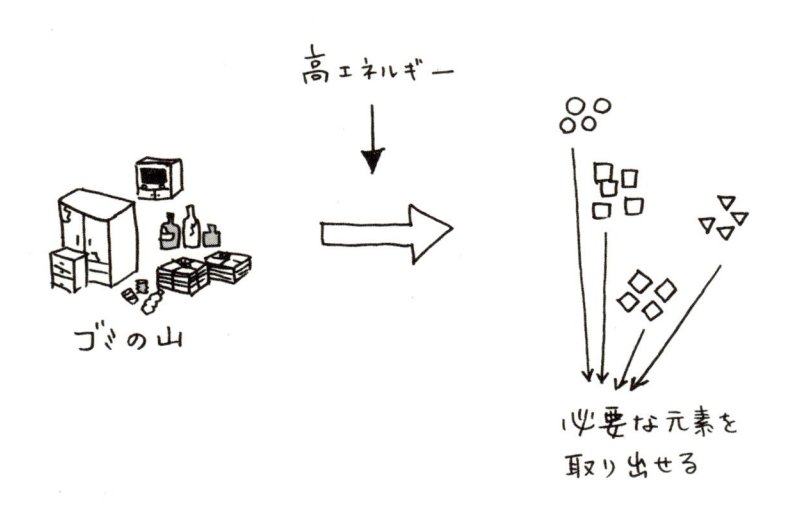

ゴミの山　→（高エネルギー）→　必要な元素を取り出せる

　この精錬法が使えるのであれば、あらゆる廃棄物が資源になります。さまざまなプラスチックや金属からなる工業製品であっても、分別することなく、必要な元素を取り出せるのです。廃棄物は「都市鉱山」として蓄積しておけばよいでしょう。都市鉱山なら天然鉱

山よりもレアメタルなどを効率的に取り出せるというメリットもあります。エネルギーがあれば、資源はいくらでも再生できるというのは、こういうことです。エントロピーが高いカフェオレを、牛乳とコーヒーに戻せてしまうのです。

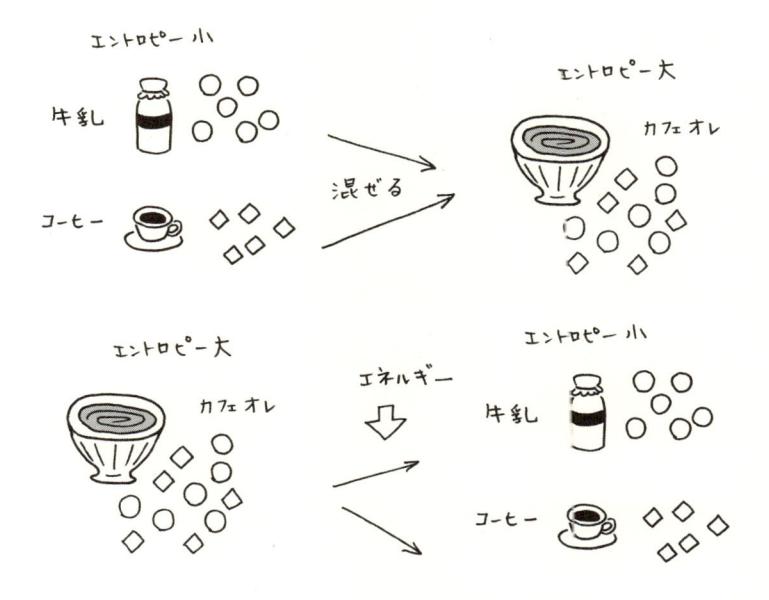

> ⚠️ **資源問題を解決するには、エネルギー問題を解決すればよい**

　地球の資源や環境問題、その他多くの社会問題は、十分なエネルギーを用意することですべて解決します。こういうことを言うと、

環境問題に取り組んでいる人は卒倒するかもしれませんが（笑）。

　第2章では、リストラの時に経費削減を先にする理由を説明しましたが、資源の問題もまったく同じことです。安価で使い放題のエネルギー源を私たちがまだ知らないから、リデュース（削減）、リサイクル（再循環）、リユース（再利用）の3Rが必要で、もしそういうエネルギー源が手に入れば、この3つは1つのR＝Regenerate（再生）に集約可能なのです。

太陽エネルギーの効率利用が世界を変える

> 資源問題の根本的解決は、潤沢なエネルギーがあることが前提となる。現在、太陽エネルギーの効率利用が急速に進んでおり、明るい展望が開けてきた。

　エネルギーさえあれば資源問題が解決すると言っても、まだ肝心の「究極エネルギー源」を私たちは手に入れていません。夢のエネルギーと言われた核融合も実用化までにはかなりの年月がかかりそうです。

　しかし、僕はエネルギー問題に関しては楽観的に考えています。その理由は、太陽光や風力といった、今までは密度が低過ぎてあま

り使えなかった太陽エネルギーを「再濃縮」する技術が発達してきたからです。実は数年前、原油が1バレル＝50ドルくらいの時でも、太陽電池パネルは20年使えば元が取れると言われていました。現在は原油価格が高騰している上、太陽電池パネル自体の発電効率も上がったため、価格競争力は大幅に向上しています。おそらく、原油価格は100ドルくらいが常態になるでしょう。また、掘りやすい油田はすでに採り尽くしたため、新しい油田の採掘コストは高くつきます。世界中の投資家の目が、いやでもエネルギーベンチャーに向かざるをえないのです。

　また、化石燃料を見ても、石炭→石油→天然ガスという「低炭素化」というトレンドが現在も進行中です。特に天然ガスは利用しやすいエネルギー源で、火力発電所のように大規模な施設だけではなく、家庭用にも使えますし、自動車を走らせることもできます。石油ほど資源分布が偏っていない点も見逃せません。

　今後10年のうちに、「太陽エネルギー」ベースの発電（太陽光、太陽熱、風力）と天然ガスが、石炭と石油のかなりの部分を置き換えることになるでしょう。日本を含む先進国に関しては、ほとんど心配はありません。すでにこれらの国においては石油がなくとも経済成長できることを、『石油　最後の1バレル』（ピーター・ターツァキアン、英治出版）が指摘しています。むしろ心配なのが発展途上国で、これらの国ではまだ石油がないと経済が成長できない仕組みが残されています。

「太陽エネルギー化」と「ガス化」が進めば、エネルギーリストラはひとまず完了ということになるでしょう。遅くとも2030年ごろにはそうなるのではないでしょうか。その後1世紀はそれで保ちます。さすがにそこまで待てば、核融合の実用化にも間に合うだろうと僕は考えています。

世界的な人口爆発によって、必要とされるエネルギー量が爆発的に増加するという予想もありますが、現実には世界全体の出生率は下がり続けています。国連は世界全体の出生率はまもなく 2.1（産業国で人口を維持するのに必要な出生率）を切り、世界人口は 2050 年くらいに天井を打つと予想しています。ちなみに、現実の世界人口は、国連の予想を下回り続けているんですよ。僕は、世界人口は 2040 年頃に 80 億人となり、そこから次第に減少していくのではないかと思います。

> ⚠ 人口爆発は起こらない可能性が高い

日本は「都市化」を進めるべし

> エネルギー問題を考えることは、社会のスタイル全体を見直すことにつながる。エネルギーの観点から見ると、日本の土地利用には課題が多い。

　原油価格の高騰に伴ってガソリン価格が上昇し、自動車が移動手段となっている地方都市では大きな影響が出ています。しかし、批判を覚悟で言うなら、僕はガソリン価格はもっと上

がってもいいと考えています。

 なぜか。それによって日本の「都市化」が進むからです。日本の地方は、意外なほど都市化が進んでいません。都市化を進めなくても済んだ理由は、すでに述べたように自動車があったからです。でも、このまま地方が車社会のままでいいのでしょうか？

 僕は人間の居住地域には適正な人口密度があると思います。中途半端に分散して住むのではなく、集中させるところには集中し、過疎化しているところはもっと過疎化というか、いっそゴーストタウンにしてしまうべきです。

 へんぴな場所に住むのは、金持ちの道楽にしてしまえばいいでしょう。その代わり、救急車や病院がなくても文句を言わない。そういうリスクに対して自分で責任を負える人だけが住むのです。

 さすがに東京は過密すぎますが、例えば札幌ならもっと大きくなって人口集中が進んでもいいはずです。政策的には、中核となる政令都市の数を増やし、**コンパクトシティ**（徒歩圏内に生活に必要な機能が集中している都市構造)化を推進するのが合理的でしょう。

都市化を進めるとエネルギーの利用効率が高まる

 人が集まって住めば、交通機関の効率を高めることができます。『ゾウの時間　ネズミの時間』（本川達雄、中公新書）には、移動方法の経済性を比較したグラフが掲載されています。1kgの体重を1km運ぶための運搬コスト（必要なエネルギー量）は、乗用車より自転車の方がはるかに低く、実に効率のよい移動手段であることがわかります。

 エネルギーの利用効率を考えたら、コンパクトシティ化を進めて、駅前からは自動車を排除して生活圏内の道路は全部歩道にする。移

動は、徒歩か自転車、公共交通機関を用いる。中心の都市部と郊外の境界には駐車場を設けて、人と車の世界をきちんと分けるようにする……。ヨーロッパではこうした都市計画が進められていますが、日本ももっと彼らに学ぶべきだと思いますよ。

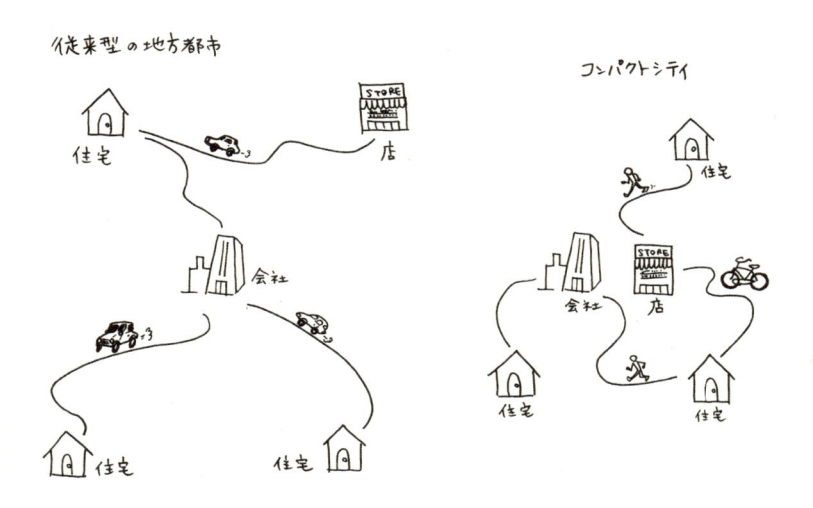

従来型の地方都市　　　　　　　コンパクトシティ

しかし、こうした都市化を進める上で、ネックになることが1つあります。

モノへの執着が人を惑わせる

弾言 成功する人生とバランスシートの使い方

> マイホームを持つことは、多くの日本人にとって憧れであった。しかし、現代においては、土地や家といったモノへの執着が、社会の改善を妨げる要因になっている。

そ れは、日本人が持つ土地への執着です。人々が土地にしがみついている限り、どうしても都市は非効率にならざるをえません。

　土地をありがたがるという考え方を捨て、必要な時、必要なだけカネを払って利用するという考え方が浸透すれば、合理的な都市計画を実現できるはずです。

　この章の冒頭で、モノは根源的に所有できないと述べました。土地を含めたモノが誰の持ち物かなんてことを歴史的にずーっとさかのぼって考えたら、それこそ神から授かったとでも言うしかなくなってしまいます。こういうモノを一番有効に活用するには、全部いったんカネに変えてみる。モノを所有するのではなく、そのモノにアクセスする権利をカネで買うようにする。その取引価格の決定は、今のところ市場経済に任せるのが一番賢いということがわかっています。

　昔ならモノには単純な所有権しかなかったわけですが、今ではモノを貸す権利、抵当に入れる権利など、非常に細かく多様化しており、REIT（リート）（不動産投資信託）のように土地を証券化する仕組みも

あります。なぜそうなっているかと言えば、アクセス権を利用しやすくするためであり、これは正しいトレンドと言えます。

⚠️ モノに執着するな。どうせ執着するならカネにしろ

　残念ながら、市場原理が一番いいというのはあくまで経験則であり、理論的結論ではありませんが。第2章で述べたように、カネは時々暴走してしまうという大きな欠点があります。それでも、カネで何でも買える世の中の方が、買えない世の中よりもよりよい方向に変えていきやすいのは確かです。

　バブルの時には、「地上げ」が大きな問題になりました。しかし、本来、地上げはよいことのはずなんです。土地をカネ化して、より効率的に利用することで価値を高めるわけですから。バブル期の地上げがいけなかったのは、1000万円以上の価値がある土地を、暴力団をけしかけて100万円で買い叩くといったような不正な取引が横行したことにあります。現在でも、土地取引はやたらと法的な規制が多い割には、穴が多いことが問題です。土地のカネ化を進めるためには、こうした法律や税制をより公正なものに変えていく必要があるでしょう。そうなりつつあるのですが、まだ速度が足りません。

モノのカネ化が世界を平和にする

食糧危機が世界的な問題となっている。しかし、本当の問題は食糧が不足していることではないのだ。

第2章、第3章では、自分を「カネ」化し、バランスシートを明らかにすることが問題解決につながるということを説明しました。自分には何が過剰か、何が不足しているかがわかるからです。実はまったく同じことが、国、世界という単位にも当てはまります。

驚くべきことに日本を含むほとんどの国には、損益計算書はあってもバランスシートがありません。一部のシンクタンクなどが国としてのバランスシートを試算してはいますが、公式なものはないのが実情です。言ってみれば、議員たちと役人たちは小遣い帳を見ながら予算を作っているわけで、まったくあきれてしまいます。われわれは、意外なほど国の実情を知らないのです。

世界単位のバランスシート、この場合はカネというよりモノの収支になりますが、それについてもきちんと考える必要があります。

例えば、食糧問題。2007年の世界の穀物生産量は20億トンと予想されていました。世界人口が66億人とすると、1年間で1人当たり300kg、1日当たり0.8kg。1人が1日当たりに得られるカロリーは、3000kcal以上になります。成人1人が1日に必要とするカロリーは2000kcalと言われていますから、カロリーベースで

見た場合、供給過剰と言えるほどです。それなのに、飢える人が出るのはなぜか？

結論を言えば、飢えている国の流通経路が未熟で、かつその国に住む人に食糧を買うためのカネがないということでしょう。隣の村が豊作だったとしても、道がなければ食糧を運ぶことができません。道があっても、カネがなければ売買もできません。単純にモノの量が多ければいいということではないのです。

こうした貧しい国々を助ける方法は、モノをカネ化する道筋をつける、つまり貨幣経済のネットワークに組み入れることです。基本は、道路を造り、電気を通し、電話が使えるようにすること。そうすれば勝手に経済は成長していくということを、グラミン銀行のムハマド・ユヌス（＊）はバングラデシュで実証しました。彼は、2006年にノーベル平和賞を受賞しています。

物事をカネ化することは、世界を平和にすることにもつながるのです。

> ⚠ 物事をカネ化することで、経済が活性化する

＊ グラミン銀行総裁、経済学者で、マイクロクレジットの創始者。マイクロクレジットとは、担保や信用を持たない人々に対する非常に少額の融資である。マイクロクレジットによって、貧困者が個人事業を興し、豊かになる事例が急増している。

世界から借りた
モノを世界に返す

人間は自然の資源から有用なモノを取り出し、カネ化して経済を回す。ならば、限られたモノは、みんなで共有した方が合理的なのではないだろうか? その考え方を突き詰めると「ベーシック・インカム」にたどり着く

　この章の冒頭では、モノとは根源的に所有できないということを説明しました。そういうモノを所有するというのは、言ってみれば一生の間レンタルしているということですが、レンタルが終わったら当然返却しなければなりません。では、いったい誰に返すのか?

　今の世の中では、財産を子孫が相続していきます。世界から借りたモノを、あなたの子孫、一族に返す? でも、そもそも自分の一族って何?

　それよりも、世界から借りたモノは世界に返す方がシンプルでよいのではないでしょうか?

　こうした考え方を突き詰めていくと、「ベーシック・インカム」にたどり着きます。ミルトン・フリードマン(*)はこれを「負の所得税」と呼びましたが、ベーシック・インカムの方がわかりやすいでしょう。

　現在の生活保護や年金は、人によって支給額が異なる上、受給資格は厳しく、その割に不正需給も少なくありません。これに対して、

ベーシック・インカムというのは、国民であれば一定金額の支給を国から「無条件に」「個人が」受けられるという制度です。国家が構成員に一律に報酬を与えるというと、共産主義を連想しますが、あくまで「ベーシック」な部分のみを支給するのがポイントです。

　例えば、ベーシック・インカムが月額5万円だとしましょう。支給されるのは世帯ではなく個人のため、一家4人なら20万円が毎月手に入ります。働きたくなければ他人と身を寄せれば、なんとか暮らしていける額です。1人5万円なら飢えはしないけれど、どう考えても貧乏生活しか送れません。そのため、ベーシック・インカムがあるからといって人々が働かなくなるということはないでしょう。

　毎月1人1人に5万円ということは、国民全員で年間72兆円。そんなカネがどこから出るのかと思うかもしれませんが、僕の計算では現在の経済規模でも十分に実現は可能です。基礎年金や生活保護もすべてベーシック・インカムに置き換えられますから、これら

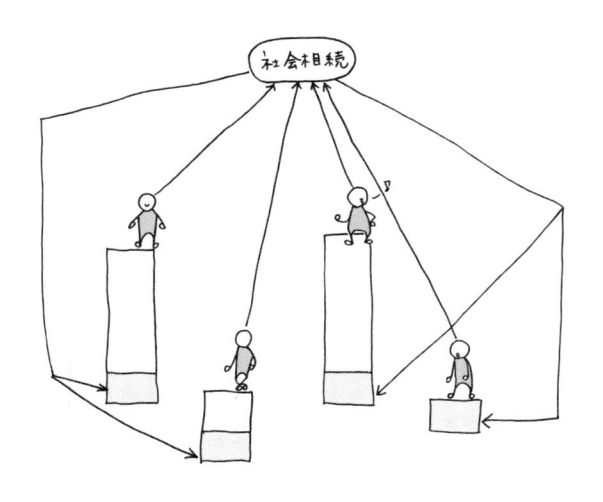

の支給額 13 兆円が、まず原資になります。そして、相続される金融資産が年間 30 〜 40 兆円、土地も含めると 70 兆円規模になります。ぶっちゃけ、相続税を 100％、というより社会そのものを相続人にしてしまえば、それで足りてしまうのです。

> ⚠ **現在の経済規模でもベーシック・インカムは実現可能**

＊　米国の経済学者。ケインズに事実上の引導を渡した人。

ベーシック・インカムは、ストックをフロー化する

> ベーシック・インカムが持つ最大の利点は、ストックになってしまいがちなカネをフロー化して、必要な人間に行き渡らせることにある。

第 2 章では、カネを必要とする人間にカネが行き渡らない、カネがストック化してしまう弊害についてお話ししました。これに対する解決策こそ、ベーシック・インカムと社会相続のセットです。死んだ人間の持っていたカネがベーシック・インカムとして全員にばらまかれる、すなわちストックがフローとなって必

要な人間に行き渡るようになるわけです。

　ベーシック・インカムと社会相続のセットは、少子高齢化といった人口構成変化から社会が受ける影響を少なくする効果もあります。死ぬ人が多くなれば、当然ベーシック・インカムの原資も増えるわけですから。生きている人間が安定したフローを得られるようになれば、みんな未来に対してより多くの約束をする気になるでしょう。つまり、**消費活動や起業が盛んになる**と考えられます。生存中は資本主義、誕生前・死後は社会主義というわけで、これ以上平等な制度はないのではないでしょうか。

　ついでに言えば、ベーシック・インカムの利点としては、需給資格を審査する機関が不要であるということも挙げられます。なにせ、1人1人に同じ金額を支給するだけですから、社会保険庁のような複雑な官庁はいりません。

　実はローマ帝国には、ベーシック・インカムに近い考え方が存在していました。「アリメンタ」という制度です。ローマ市民であれば、一定量の小麦の配給が受けられ、ぎりぎり飢えずに暮らしていくことができました。ただし、この制度の原資は皇帝領のエジプト。一番の金持ちのポケットマネーだったわけで、制度の安定性としてリスクが大きかったのも事実です。一方、ベーシック・インカムの原資は、社会相続ですから、効率がよい上にリスクにも強いでしょう。

> ⚠ ベーシック・インカムは最低限の安定フローを保証する

まとめ：モノとヒト、カネの関係を改めて考える

ここまでに「カネ＝ヒト＋モノ」という式が何度も登場してきた。最後にもう一度、この式が持つ意味を考えてみよう。

本書では、ヒト、モノ、カネの関係を、バランスシートの観点から見直してみました。まとめると、

資産＝負債＋資本

が

カネ＝モノ＋ヒト

となるということです。

　カネとは、「われわれが利用できるモノゴト」のすべて。そのうち「見える化」されているものが金です。カネ＝金ではなく、「金⊂カネ」、すなわち「金はカネの部分集合」、または「金はカネの氷山の一角」であるという点に留意してください。

　そのカネは、モノ、すなわち「昔も今もそこにあって使えるが、根源的に作り出せないもの」と、ヒト、すなわち「工夫次第でいくらでも生み出せるもの」からなるというのが、本書の基本テーマです。ごちゃごちゃになりやすいこれらの話題を、いったん「仕訳」

してみようというのが、本書の試みだったわけです。この式からどんな知見を得られるのか、最後にもう一度振り返ってみましょう。

　カネを増やすには、結局のところ自然界にあるモノをもっと使うか、人がもっと創意工夫するかしかない、ということになります。これは古今東西ずっと成立していた真理ですが、その双方がハイパーインフレしたのが前世紀でした。

　石炭や石油が、ヒトの知恵により単なる「鉱物」から「燃料」となり、その燃料を使ってより多くのモノを利用できるようになり、そのモノの利用によってヒトがさらに多彩な経済活動を行うようになり、その総和であるカネが爆発的に増える……正のフィードバックがかかっていたのです。

　しかし、モノに関しては、これ以上人間が使ったらヤバイということが見えてきました。これが前世紀と今世紀の最大の違いだと僕は考えています。化石燃料から淡水まで、ありとあらゆるモノについて、これ以上「天然物は増やせない」ところまできているのです。モノが増えることを前提にした経済はもう終わっているのです。

　しかし、ヒトはまだ終わっていません。いや、まだ始まったばかりでしょう。カネ＝経済価値のほとんどは、実はコネにあったというのは最近になってようやく単なる知識ではなく体験として実感できるようになってきました。インターネットがそれを「見える化」してくれたのです。ほとんどすべてのサービスを無料で提供している会社（＝グーグル）に15兆円もの価値がある、そんな時代なのです。

　弾言します。**ヒトはまだ伸びます**。それどころか今まででは考えられなかったペースで伸びます。

　これの意味することを、また上の式に当てはめて考えてみます。

かつては、

ヒト＜＜モノ

でした。ということは

カネ≒モノ

だったということです。ですからカネのルールというのは、モノのルールを近似したものとなっていました。全体としては（あまり）増えない。増えないものなので希少である。希少であるから執着する……これがかつての経済でした。
　これが今や、

ヒト＞＞モノ

となっています。ということは、

カネ≒ヒト

だということです。カネのルールも、ヒトのルールを近似したものとならざるをえないのです。ヒト、すなわちイマジネーションは簡単に増えます。増えるどころか、減るようにする方がかえって面倒なのです。情報を「移動」するためには、まずコピーしてからオリジナルを消さなければならないのですから。後者の手間を省いてしまうだけで、増えてしまうのです。

これが、Economy of Abundance ＝「潤沢の経済」の正体です。
　そのような時代において、果たして今まで通り「モノを使ったらなくなるように、カネも使ったらなくなる」というカネのルールがうまく機能するでしょうか？　例えば、ヒトに属するコネは、いくら使ってもなくなりませんよね。
　しかし、だからと言って

カネ＝ヒト

とはなりえないというのもまた、本書の主張です。どれほど効率的にモノを使い回せるようになっても、少なくともトキ＝時間がまだ残ります。また、いわゆる BRICs（＊1）や VISTA（＊2）といった国々が、モノを大量に使うようになってきたおかげで資源の値段が高騰しているので、そこに注目すると経済がモノ回帰しているようにすら見えなくもありません。

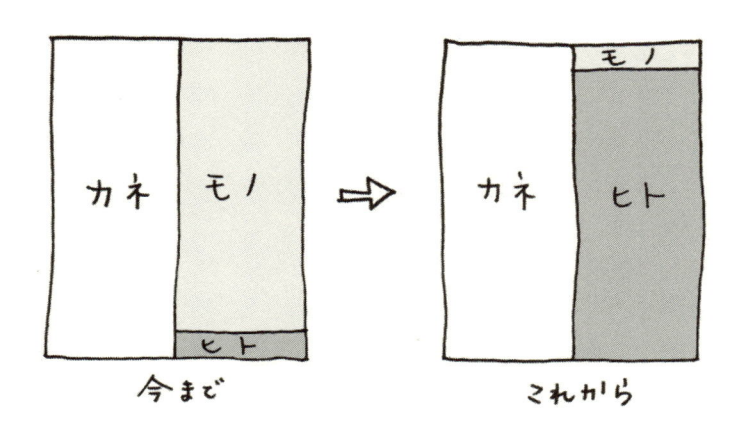

カネ　モノ　ヒト　⇒　カネ　モノ　ヒト

今まで　　　これから

しかし、大きなトレンドとして、

カネ≒モノ→カネ≒ヒト

というのは人類世界を今後何十年、いや何百年にわたって支配するトレンドだ、というのは間違いないと弾言します。にもかかわらず、まだ「新しいカネの法則」が成立していないところに、社会の苦悩があるのでしょう。

*1 ブラジル（Brazil）、ロシア（Russia）、インド（India）、中国（China）。
*2 ベトナム（Vietnam）、インドネシア（Indonesia）、南アフリカ（South Africa）、トルコ（Turkey）、アルゼンチン（Argentina）。

> 世界のトレンドは、「カネ≒モノ」から「カネ≒ヒト」へ向かっている

僕たちの宿題

弾言
成功する人生と
バランスシートの
使い方

> 今後成立するであろう「新しいカネの法則」とはいったい何なのか。

では、「新しいカネの法則」とはどのようなものでしょうか? それこそが、あなたへの宿題であり、そして僕の宿題でもあります。いまだに冴えたやり方は、たった1つも見つかっていません。

それでも、僕に不安はありません。なぜなら、この問題はあなたや僕が見つけようとして見つかるというより、あなたや僕が日々を積み重ねることによって、**「いつの間にか見つかる」**のではないかと憶測しているからです。そう、お金のように。

あなたは、お金が誰によって発明されたものかご存じでしょうか? 僕は知りませんし、誰も知らないはずです。お金は特定の誰かが発明したのではなく、日々それと付き合っているうちに「こういうものだ」という理解が徐々に進んだものなのです。そもそもお金というものが1人で成立しない以上、そういう形にならざるをえないのです。

だから、「新しいカネの法則」を見つける方法は、日々確かに生きていくこと、まさにそこにあるのだと感じています。

> ⚠ **最も重要なのは、何が正しいかではなく、何が残るか**
> **(It's not what is right, it's what is left.)**

　本書も含め（笑）、世間は「正しいやり方」を指南する本で溢れています。それぞれの本は決して間違っていないのでしょう。しかし、あなたが今そこにいること、それ以上に正しいことなど存在しないのです。

　本書を読んで、あなたのうちの何割かは「こういう考えもあるのか」と感心するかもしれません。何割かは「何？　このトンデモ本」と思われるかもしれません。本書を読んで何も感じなかったという人もゼロではないでしょう。

全員、正解。

　なぜなら、それは今あなたが確かにそこにいるという証なのですから。そのための役に立つことが、僕の一番の願いです。あなたが今日この世界にいて、明日もまたこの世界にいようとすることを、僕は心身ともに願っています。カネというのは、あなただけでも僕だけでも成立しないのは確かなのですから。

『弾言』、ご清聴ありがとうございました。次にお会いする日がくることを愉しみにしています。

第4章 ブックガイド

『ゾウの時間 ネズミの時間』本川達雄、中央公論社

サイズに着目することで、さまざまな生物が現在の姿、生態をしている理由を明らかにした古典的名著。生物の進化には、物理法則や化学法則の制約が大きな役割を果たしてきたことが語られる。本書が述べているのは生物デザインについてだが、適性サイズの考え方は、人間の組織や社会の有り様についても多くの示唆を与えてくれるだろう。社会の適正なサイズは果たしてどれくらいか？

『「お金」崩壊』青木秀和、集英社

「確かに経済学者たちの言うことはつじつまが合っているのに、なぜそこに違和感が残るのか」を明快に説明してくれる1冊。本書の凄みは、自然資源を含めた経済循環の仕組みを簡潔に示したことにある。社会経済は自然から有用性(モノ)を取り出し、カネに変換して循環させているのだが、マネー経済はもはやモノの裏づけを持たない。共同幻想であるマネーによって限られたモノを手に入れようとする行為が世界の歪みを生んでいる。

『文明崩壊 滅亡と存続の命運を分けるもの(上・下)』
ジャレド・ダイアモンド、楡井浩一訳、草思社

現代の米国モンタナ州や、古代のイースター島、グリーンランドのノルウェー人入植地などの分析を通じ、滅亡した社会に共通する法則を明らかにしていく。滅亡した社会では環境に過大な負荷をかけていたが、それに対して江戸時代の日本は理想的な循環社会を築くことで環境危機を乗り越えたと著者は分析する。モノとカネの関係性を深く理解できる労作だ。

『地球と一緒に頭も冷やせ！温暖化問題を問い直す』
ビョルン・ロンボルグ、ソフトバンク クリエイティブ

本書は地球温暖化対策反対論ではない。著者の主張は、現在の温暖化対策はハイコスト・ローリターンだということ。CO_2 削減にコストをかけるより、今すべきは発展途上国の貧困対策であり、洪水や HIV、マラリアへの対策。そうした方がはるかに少ないコストでより多くの人々を救えるというのだ。そして長期的な CO_2 削減のために、すべての国が GDP の 0.05% を炭素排出のないエネルギー技術開発に回す、という提案は実に説得力がある。

『ワーキングプアは自己責任か』門倉貴史、大和書房

ワーキングプアの緻密な状況分析と、それに対する効果的な提言で構成される。著者の問題意識は、「労働までもがひとつの「商品」として扱われてしまうような徹底した市場主義に修正を加える必要がある」というもの。これに対する著者の回答の1つが、この『弾言』第4章でも取り上げた「ベーシック・インカム」だ。ベーシック・インカムやこれをさらに推し進めた「ベーシック・キャピタル」の入門としてもお勧めできる。

(巻末付録)

弾言一覧

弾言
成功する人生と
バランスシートの
使い方

第1章 ヒト PART1

- 昔に比べれば、個人の打てる手は飛躍的に増えている 012
- 時間当たりいくらの仕事は、「モノ」的な仕事である 015
- 生活に困ったら、まず経費削減から始めろ 017
- 多くの人が金持ちを目指すことは、社会全体を健全にする 017
- 考えるための時間を確保せよ 018
- 週40時間以上働かないようにしよう 019
- 自分に最低限必要なモノは何かを考えろ 019
- モノを安く買うために、貴重な時間を無駄に使うな 020
- 知識に飢えれば、金づるが見えてくる 021
- 隙間時間を使って、自分の価値向上を図れ 022
- 残業が多く、学ぶべき人がいない会社なら辞めろ 024

- 時間がちょっとでも空いたら、本を読め 025
- 常に問題意識を持ちながら、本を読め 026
- 多くの本を読み飛ばせ 027
- 本を読んだら、次は「自分」を読め 027
- 本を読む時は、「こんな感じ」という曖昧さを残しておく 028
- 本を読んだら、内容を自分なりに咀嚼・実践してみる 030
- 現代人の知的レベルは向上している。だから、知恵の価値は暴落した 031
- 現代においては、バカであることが罪になってしまった 032
- テレビを見るな 033
- 一度プッシュ型の情報をすべて捨ててみる 036
- テレビを消せない人間は、死ぬまで情報弱者である 037
- チャンネルは、余計な情報を捨てるためにある 037
- １週間テレビもネットも見ないで、情報断食をしてみよう 037
- 友だちからのメールにすぐ返信しなければと思い込むのは止めよう 038
- ブログや日記を書いて、自分の状態を客観的に見てみよう 040
- 何かにハマったら飽きるまでやるべし 041
- 自分で世界を作れるゲームで遊べ 042
- 自分の得意分野がレッドオーシャンなら覚悟すべし 043
- 何事も楽しく学ばないと身につかない 046
- 何かを身につけるには、しないことが苦痛になるまで習慣化せよ 046

- 締切や目標を設定すると、物事を習慣化しやすい 047
- 勉強したことをブログに書いて、他人からツッコミを入れてもらえ 048
- 上手な人を徹底的に、真似できなくなるまで真似てみよう 048
- 自分が自由に使える「無記名の善意」に気づけ 051
- チャンスに備えて、お金の余裕より時間の余裕を作れ 052
- 自分がグローバルな競争の渦中にあることを自覚しろ 054
- 自分と対立する立場の人間になったつもりで、物事を考えろ 055
- 自分ができないことを他人まかせにして優しいフリをするのは偽善者 056
- 利己的＝利他的 ←→ 自虐的 057
- 自分が気持ちよくなりたければ、先に他人を気持ちよくさせろ 057
- 何でも自分のせいだと考えてみろ 058
- 自分のターンは、他人にパスせず自分で使え 058
- 強さには、いろいろな形があることを知ろう 060
- 強くなりたかったら、自分でコントロールできるものを増やせ 060
- どんなものでも「強さ」になりえる＝誰もが強くなりえる 061
- 「目的」は、自分の視野を狭くするためのツール 062

第2章 カネ

- カネとは人々が生み出した共同幻想である 066
- カネは、他人とのコミュニケーションをシンプルにするツール 068
- 汚いカネはない。汚いカネ持ちならいるが 069
- カネでモノを買える世の中が、人々を幸せにしてきた 071
- 資産（総メモリ）＝負債（仮想メモリ）＋資本（実メモリ） 072
- 資産は、土地や物品で所有するより、現金や預金の割合が高い方がいい 074
- バランスシートで重要なのは、サイズではなく質 075
- 稼げる人は、大きな資産を持つ必要がない 076
- 貧乏でもバランスシートは大きくなる 077
- 資産が大きいと、行動の選択肢が増える 078
- 働く理由を未来から借りてくるのは、必ずしも不幸ではない 079
- 資産は、借金でも大きくなってしまう 081
- カネは、バランスシートで考える習慣をつけろ 082
- 返す当てがあるなら、負債の方が調達コストは安い 083
- 自己資本の調達コストは高くつく 084
- どんな企業、個人もまったく借金がゼロということはない 087
- 自分に必要なキャッシュフロー（生活費）を普段から把握して

おけ 089
- 仕事をする時は、ストックとフローの関係を意識せよ 090
- 人と人の間には、必ず貸し借りがある 091
- カネは、人間の力を媒介するゲージ粒子である 094
- 世界は基本的にインフレ傾向にある 096
- ヒトの知恵によって、必要なモノの量は減少しうる 100
- 世界人口は、まもなく減少に向かい始める 101
- 日本経済がうまく回らないのは、カネが必要な人間にカネが回らないから 103
- 金持ちの最大の罪はカネを使わないことである 104
- 1台のフェラーリより、50台のカローラの方が経済効果は大きい 104
- 金持ちほど、モノを値切りやすくなる 106
- 知的生産性はわずかなコストで向上できる 108
- 「いいか悪いか」ではなく、「ナンボ」で考える習慣をつけろ 109
- 自分にとっての質のよい情報を集めろ 111
- 資産のバランスシートを作れ 111
- 健康状態、普段の食事、持っているスキル、人間関係など、自分について思いつくことを書き出せ 112
- 自分が持っていないスキルやモノは、誰かから買えばいい 113
- 従来：業界のアウトプット＝Σ（業界に属する人間） 114
- 現在：業界のアウトプット＝max（業界に属する人間） 114

- 自分が属する業界のルールがどうなっているかを知っておく 116
- 「考える」とは、自分が勝てるゲームを作ること 118
- 自分が勝てないゲームには、観客として参加すればいい 119

第3章 ヒト PART2

- コネの価値 ＝ 集団が生み出す価値 － Σ（個人の価値） 123
- いい運も悪い運もない。すべては受け止め方である 125
- 勤怠管理を行うのは、公正に給料を払うためである 126
- 部署内の人間で日報を共有せよ 127
- 成長したければ、今の自分の能力 +20% の仕事をしろ 130
- 社内外の勉強会に参加して、どん欲に知識を取り込め 131
- 他人にもわかるように、仕事の記録をきちんとつけろ 133
- 仕事のスキルは後から伸ばせる。重要なのは、他人とのインターフェイスが開いていること 135
- カネで時間を買うことのメリットを知れ 137
- 自分がコントロールできないファクターをできるだけ減らせ 137
- 日頃から問題意識を持っていれば、幸運を拾いやすくなる 140
- カネを媒介すれば、交渉ごとはシンプルになる 142
- 自分の居場所を作るためだけの仕事はするな 143

- 社会は「少・密」から「多・疎」に向かっていることを認識せよ 145
- 「人の心はカネで買える」とは、人間関係を可視化して考えることである 147
- 物事の値段は、自分が決めてよい 148
- 本人の満足度＝（相手の単価－獲得コスト－付き合いに必要な時間）×相手の数 149
- 友人１人当たりから得られる利益＝相手の単価－付き合いに必要な時間 151
- こじれた人間関係はいったん損切りして、利益を確保せよ 153
- ネットワーク自体の価値＝ネットワーク全体の価値－Σ（個人の価値） 154
- より大きなコストを払える人がハブ（中心）になる 157
- 人付き合いの利益を得るために、必要以上のリソース（時間）を費やしていないかをチェックすべし 159
- 誤解を恐れて冗長に話すことは、受け手にコストを払わせることになる 160
- 他人を信用できる社会ほど、個人の利益は増える 162
- 人間にとって最大の報酬は、物事をやり遂げた満足感である 164
- すぐクリアできる、お楽しみを手元に用意しておけ 164
- 仕事で得られる利益＝カネによる報酬＋心理報酬 165
- 余裕がある人の心理報酬＞余裕がない人の心理報酬 166
- 人間の心理状態は、貯めておくことができない 167

- ●恨みを忘れると、心の負債が減り、利益を生み出せる 168

第4章 モノ

- ●「モノ」は増やすことができない 173
- ●文明崩壊は資源枯渇によって起こる 174
- ●十分なエネルギーさえあれば、あらゆる資源は再生可能である 178
- ●資源問題を解決するには、エネルギー問題を解決すればよい 181
- ●人口爆発は起こらない可能性が高い 184
- ●都市化を進めるとエネルギーの利用効率が高まる 185
- ●モノに執着するな。どうせ執着するならカネにしろ 188
- ●物事をカネ化することで、経済が活性化する 190
- ●現在の経済規模でもベーシック・インカムは実現可能 193
- ●ベーシック・インカムは最低限の安定フローを保証する 194
- ●世界のトレンドは、「カネ≒モノ」から「カネ≒ヒト」へ向かっている 199
- ●最も重要なのは、何が正しいかではなく、何が残るか (It's not what is right, it's what is left.) 201

小飼 弾（こがい だん）
は本名。投資家／プログラマー／ブロガー。株式会社オン・ザ・エッヂ（現ライブドア）上場時の取締役最高技術責任者（CTO）を務めた。カリフォルニア大学バークレー校中退という名の中卒。近著に『小飼弾のアルファギークに逢ってきた』（技術評論社）がある。続きは「小飼弾」で検索！
404 Blog Not Found
http://blog.livedoor.jp/dankogai/

山路達也（やまじ たつや）
三重県出身。雑誌編集者を経て、フリーランスのITジャーナリスト、編集者として独立。ネットカルチャー・IT系解説記事などで活動中。著書に『ウェブログのアイデア！』（共著、アスペクト）、『進化するケータイの科学』（ソフトバンククリエイティブ）など。
binWord/blog
http://www.binword.com/blog/

弾言（だんげん） 成功する人生とバランスシートの使い方（せいこう じんせい つかかた）

2008年10月6日　第1版 第1刷

著者	小飼 弾、山路達也
発行人	高比良公成
発行所	株式会社アスペクト
	〒101-0054
	東京都千代田区神田錦町 3-18-3 錦三ビル3F
	営業部 Tel.03-5281-2351/Fax.03-5281-2552
	http://www.aspect.co.jp/
印刷所	中央精版印刷株式会社

©KOGAI Dan , YAMAJI Tatsuya , 2008 Pr nted in Japan

＊本書の無断複写・複製・転載を禁じます。
＊落丁本、乱丁本は、お手数ですが弊社営業部までお送りください。
　送料弊社負担でお取り替えします。
＊本書に対するお問い合わせは、郵便、FAX、または
　Eメール：info@aspect.co.jp にてお願いいたします。
　お電話でのお問い合わせはご遠慮ください。

ISBN978-4-7572-1533-7

アスペクトの好評既刊

すぐに役立つ「できる人」の話し方

箱田忠昭

能力よりも好感度で評価が決まることが多いなか、いかに優れた能力を持っていてもコミュニケーション力が伴わなければビジネス成功への道は険しい。さまざまなビジネスシーンで成功するコミュニケーションのポイントを簡潔にまとめた、仕事と人間関係を劇的に変える、究極のコミュニケーション術。

1365円 | 四六判 | 160頁
978-4-7572-1518-4

なぜ、仕事ができる人は「効率」を無視するのか？
逆転発想の時間術

夏川賀央

「効率」という意識ばかりが先行し、大きな成果を生む機会を喪失していることがある。「効率化をやめたら能率が上がった工場」や「お金を使うほどお金持ちになっていく人」などの例をあげながら、「ムダなことをするメリット」を説く。「非効率」という逆転発想からの時間活用法。

1500円 | 四六判 | 216頁
978-4-7572-1498-9

＊表示価格はすべて定価（税込）です。

アスペクトの好評既刊

プレゼン&セールスに即役立つ「市場調査」集中講座
牧野真

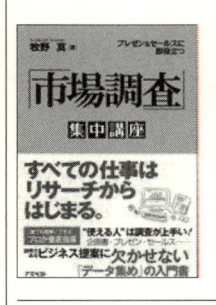

企画書、プレゼン、セールス……全ての仕事に必要不可欠であり、説得力があるビジネス提案に欠かせない「市場調査」。初めての人でもすぐに成果があがるよう、市場調査の概略から具体的なリサーチ方法までを丁寧に解説。的確にスピーディに情報を集める市場調査の基本がこの1冊でわかる!

1575円／四六判／216頁
978-4-7572-1478-1

ビジネスは論理力
MBAでは学べないロジカル・シンキング
北島雅之

情報収集・分析、プレゼン、交渉、説得、問題解決……現代ビジネスの現場で今や必須の「論理力」を徹底トレーニング。経営・組織人事コンサルタントで産業カウンセラーの著者が、多くの図解と例題を用い、思考を図式・チャート化して、ロジカルに考えるための手法をわかりやすく丁寧に解説。

1500円／四六判／196頁
978-4-7572-1486-6

＊表示価格はすべて定価（税込）です。

アスペクトの好評既刊

アメリカの高校生が読んでいる 経済の教科書

山岡道男、淺野忠克

米国経済教育協議会（NCEE）が作成した経済教育の教科書『スタンダード20』を日本人向けにアレンジした経済学入門書。グローバルな視点にたった経済学から、利息や税金、保険と投資といった身近な経済学までをやさしく解説。経済システムが明解にわかり、実生活にも活用できる1冊！

1680円｜A5判｜240頁
978-4-7572-1476-7

大事なことは3秒で決める！
資金ゼロから3億つくる"反常識"発想法

午堂登紀雄

わずか1年で資産3億円をつくった著者が、自身の投資経験とたくさんのセレブとのつきあいの中から見つけした、"お金に愛される（＝お金を殖やす）"ルールを具体的に紹介。「朝に新聞を読んではいけない」「行列に並んではいけない」など、すぐにできる即決・即断の法則。

1365円｜四六判｜232頁
978-4-7572-1450-7

＊表示価格はすべて定価（税込）です。

アスペクトの好評既刊

帰宅後1時間で月5万円稼ぐ メルマガ・アフィリエイト

一瀬翔

実際に月100万円以上をアフィリエイトで稼ぎ出している著者が、「毎日たった1時間」であなたのお小遣いを5万円増やすテクニックを伝授。ちょっとしたコツをマスターすれば、主婦でも、サラリーマンでも、団塊世代でも、誰でも稼ぐことが出来る！ アフィリエイト初心者へ贈る究極の教科書！

1365円 ｜ 四六判 ｜ 224頁
978-4-7572-1460-6

250万円の資金から始める 失敗ゼロにする 実戦「不動産投資」入門

秋津智幸
午堂登紀雄[監修]

第一線の現場で活躍する不動産投資コンサルタントが、実際の相談例をもとに、「空室リスク」や「滞納リスク」など、さまざまな投資リスクのコントロール方法のほか、市況に合わせた投資手法など、実戦的な不動産投資のやり方を懇切丁寧にアドバイス。真っ当な、そして本当に役立つ投資のやり方、をズバリ指南。

1680円 ｜ 四六判 ｜ 232頁
978-4-7572-1535-1

＊表示価格はすべて定価（税込）です。

アスペクトの好評既刊

夢をかなえるお金持ちの法則
起業家が教えてくれた成功の秘訣

リチャード・パークス・コードック
中島早苗[訳]

アンドリュー・カーネギー、ナポレオン・ヒルの成功哲学を発展させた、ミリオネア実践術の決定版！ 彼らの成功哲学を現代に甦らせ、読む者の心に深い感動を与える成功のバイブル。実際に50人の起業家にインタビューしてわかった、企業における成功するための8つの原則をあなただけに教えます！

1365円 ｜ 四六判 ｜ 176頁
978-4-7572-1347-0

内藤忍の人生を豊かにする
お金のルール

内藤忍

じょうずに使えば、お金は殖える！ 人生に必要なお金を得る第一歩は、最低限の知識と10万円。そして投資をはじめようという少しの勇気です。超人気セミナー講師が教える、「お金」との幸せな付き合い方、殖やし方。正しい方法でお金を殖やすことで、あなたの人生に「お金から自由になれる日」がやってきます。

1365円 ｜ 四六判 ｜ 228頁
978-4-7572-1289-3

＊表示価格はすべて定価（税込）です。